Predicación
de la TEORÍA
a la PRÁCTICA

Predicación
de la TEORÍA
a la PRÁCTICA

S. Yeury Ferreira

Título original de esta obra:
La Predicación, de la teoría a la práctica
Primera Edición, 2012

Autor
S. Yeury Ferreira

Edición publicada por
CreateSpace, an Amazon company - 2012
Charleston, SC, USA

Diseño de Portada y Diagramación
Héctor A. Delgado
hadgraphic@aol.com

ISBN- 13:978-1481122771

Dedicatoria

*A González Rumardo, que a mi temprana edad me enseñó
tanto la teoría como la práctica de la predicación.*

Comentarios

"El material desplegado en este libro enfatiza que, aun cuando la información de las Escrituras es importante, el propósito principal por el cual el mensaje divino debe ser presentado es para cambiar vidas, para transformar corazones. Esta obra presenta pasos sencillos para desarrollar una predicación que sea auténtica para convertir corazones sinceros en vidas santas. Es excelente, lo usaría como texto en una clase de seminario o para entrenamiento de predicadores laicos".

Dr. Gerson Santos
Director de Ministerios Urbanos
Asociación General de los Adventistas del Séptimo Día.

"El libro que tiene en sus manos es bíblico, práctico, eficaz y dinámico. Si desea crecer en esta área, le recomiendo que lea con cuidado sus palabras y ponga en práctica sus consejos".

Roger Hernández, M. Div.
Director de Ministerios y Evangelismo
Southern Union Conference

Agradecimiento

Expreso profunda gratitud a Dios por darme la oportunidad de escribir acerca de la ciencia que es sobre toda ciencia: Predicar a Jesús y a este crucificado.

A mi amante y cariñosa esposa, Mariel Ferreira Ovalles, por su valiosa ayuda y su ánimo constante, por ser mi principal crítica cada vez que expongo un sermón.

A mis dos tesoros, Ernesto y Elizabeth, que siempre me alegran la vida al decirme con alegría e inocencia: Te amo papi.

A todos los que han ayudado a que este libro sea hoy una realidad.

CONTENIDO

Prólogo 13

Introducción 15

Capítulo 1:

La predicación, su significado y su importancia hoy 17

Capítulo 2:

El verdadero propósito de la predicación 31

Capítulo 3:

La homilética y el estudio del sermón 43

Capítulo 4:

Del texto al sermón: El camino de la exposición 57

Capítulo 5:

La preparación del sermón - Primera parte 69

Capítulo 6:

La preparación del sermón - Segunda parte 91

Capítulo 7:

Comience bien, termine mejor 105

Contenido

Capítulo 8:

Ilustre, ilustre, ilustre   117

Capítulo 9:

Predique con libertad   133

Apéndice A:

Estructuras sermonarias, su importancia

y ejemplos   147

Apéndice B:

El problema de los sermones largos   157

Apéndice C:

La predicación y el iglecrecimiento   163

Apéndice D:

Sermón: Escogidos en Cristo   171

Apéndice E:

Bibliografía selecta sobre Predicación   177

PRÓLOGO

Creo que es el empeño de todo predicador crecer y mejorar en lo que le toca hacer, o sea predicar; y no importa los años en los cuales se haya estado dedicado a esta tarea (la cual considero la más honorable, noble y grande que cualquier ser humano pueda estar ocupado), siempre urge el deseo de hacerlo mejor, más eficaz y eficiente.

Aquí tenemos un libro que trae de nuevo a la mente del predicador ese pensamiento romántico de exponer la Palabra. Dibuja magistralmente, pero de manera muy sencilla, la belleza de la predicación. El pastor Ferreiras nos recuerda lo grandioso que es ser un predicador escogido por Dios para representarlo en el púlpito.

El libro tiene una combinación interesante. Es profundamente intelectual, y sencillo al mismo tiempo. Todo predicador puede beneficiarse, tanto el predicador experimentado, como aquel que apenas comienza esta linda tarea. También presenta la seriedad de la predicación, con un enfoque muy ameno; presentando un equilibrio muy interesante entre la amenidad y la seriedad, para que el lector disfrute su lectura, entendiendo la solemnidad de la predicación, sin sentirse ofendido, o que hay liviandad en el contenido.

Prólogo

No hay dudas que el autor ha dedicado tiempo considerable a la investigación, para suplirnos con un material que llena las expectativas de lo que debe ser un libro acerca de la predicación, que puede ser usado por expertos y novicios, y aún por maestros, como libro de texto, para enseñar el arte de la predicación.

Como predicador de la Palabra que he sido por muchos años, creo que debemos usar este espacio para agradecer a Dios por su llamado a ser predicadores, y también por usar e inspirar al pastor Yeury Ferreiras para que nos traiga este tratado que nos recuerda una vez más la importancia de la predicación, y que trae a nosotros, de nuevo, el deseo de crecer para ser mejores PREDICADORES.

Pastor Dionisio Olivo

Vicepresidente S.D.A Atlantic Union Conference

(Unión del Atlántico de los Adventistas del Séptimo Día)

INTRODUCCIÓN

D urante años he leído muchos libros sobre predicación. Soy un estudiante de la predicación con un apetito voraz e infatigable por leer, oír, estudiar y aprender acerca del arte de la predicación. No me considero una autoridad ni mucho menos un gran predicador. Tengo que confesar, sin embargo, que mientras más leo y examino el tema, llego a la conclusión de que es bastante lo que me falta por aprender y mucho el camino por recorrer. No obstante, a riesgo de omitir u olvidar algunos elementos importantes, he aceptado el reto de escribir y presentar lo que a través de los años he aprendido sobre el fascinante tema de la predicación.

En primer lugar, antes que todo deseo dejar claro lo que este libro *no es*. Este libro no es el producto de una serie de conferencias dictadas a estudiantes de seminario, tampoco es una compilación de apuntes de clase dictada por un maestro de homilética. No, este libro no nace en las aulas de clases atestadas por atentos estudiantes con ánimo de aprender y preguntar. Esta obra no es nada de eso.

Este libro nace en la iglesia donde se sientan las personas con problemas y dificultades que esperan escuchar la Palabra de Dios para sus vidas. Nace de la conversación con decenas de pastores sinceros que sienten que su predicación debe mejorar. Nace en el fragor de la batalla. Pues creo que la mejor manera de aprender a predicar es predicando. Este libro es producto del púlpito, pues, es en este donde se forman los grandes predicadores.

En segundo lugar, el propósito por el cual escribí este libro es presentar la filosofía que yace detrás de la predicación. Son muchos los predicadores que abren textos de homilética ansiosos de aprender "nuevos métodos" y "nuevas técnicas" de predicación. Buscan la metodología olvidando la filosofía. Sin embargo, a través de este libro deseo dejar claro que, más que la metodología, los predicadores debemos perseguir una filosofía de predicación que provea el porqué y para qué predicamos. Es por esta razón que la primera mitad de este libro está destinada a la filosofía de la predicación, analizando la definición, propósito e importancia, tanto de la predicación como del sermón. Y es la segunda mitad la que dedico al estudio del método de la preparación del sermón como tal.

Por último, deseo terminar esta breve introducción diciendo que a través de la lectura de este texto se encontrará con ideas que comparto con otros autores. En lo personal, he sido muy influenciado por la lectura de obras como: *La predicación bíblica*, de Haddon Robinson; *Volvamos a la predicación bíblica*, de Donald Sunukjian; obras que considero superiores a otros manuales de homilética que han formado mi pensamiento sobre predicación. Por ello aparecerán citados con frecuencia a través de todo el libro. Otros volúmenes, tanto en inglés como en español, me han sido de gran ayuda en la elaboración de esta obra, por lo que estoy en deuda con sus grandes aportes al campo de la homilética.

Espero que este libro pueda ser de ayuda para los predicadores expertos en la materia, y también para aquellos que se están iniciando. Si en algo puede ayudar, me sentiré satisfecho; pues el trabajo no habrá sido en vano.

S. Yeury Ferreira

CAPÍTULO 1

LA PREDICACIÓN, SU SIGNIFICADO Y SU IMPORTANCIA HOY

Qué es la predicación? ¿Cuál es su significado? ¿Qué importancia tiene para hoy? ¿A quién o quiénes se dirige? ¿Cómo enfocar la predicación adecuadamente? ¿Cuáles son los elementos idóneos de la predicación? Preguntas como estas, y muchas más, deben ser respondidas antes de enfocarnos en los aspectos prácticos relacionados con la predicación, pues tal como dijera el evangelista británico Ian Pitt-Watson en materia de predicación: "Es imperativo, antes de abordar el *cómo*, responder al *qué*".[1]

Iniciaremos nuestro estudio abordando algunos de esos aspectos a fin de capacitarnos como expositores aprobados que trazan bien la palabra de verdad. Antes que todo, definiremos el concepto relacionado al arte de la proclamación del evangelio. En seguida, estudiaremos con más detalles los elementos que componen la predicación y le dan significado. Finalmente, analizaremos la importancia de la predicación y su relevancia para hoy.

DEFINICIÓN DE PREDICACIÓN

Existen diversas opiniones en cuanto a lo que es y lo que no es la predicación. Tal vez la más conocida y generalizada sea aquella que expuso Phillips Brooks en una serie de conferencias ante los estudiantes de la Universidad de Yale, cuando afirmó:

> "La predicación es la comunicación de la verdad a los hombres a través de un hombre. Es la presentación de la verdad a través de la personalidad".[2]

Si analizamos la definición expuesta por Brooks, notaremos que la misma conlleva dos elementos esenciales, que son: verdad y personalidad. La predicación es la comunicación de la verdad divina a través de la personalidad del predicador. Sin embargo, aunque esta definición implica varios elementos importantes de la predicación, debemos entender que esta *per se* es mucho más.

Algunos maestros han sugerido que a la definición expuesta por Brooks es necesario añadirle por lo menos dos elementos más.[3] Siguiendo este consejo, por ejemplo, J. Daniel Baumann definió la predicación como "la comunicación de la verdad bíblica por un hombre a los hombres con el propósito explícito de cambiar la conducta".[4] Esta definición no solo presenta los elementos antes mencionados —verdad y personalidad—, sino que incluye el propósito que persigue la predicación, que es el "cambio de conducta".

Por su parte, el respetado maestro de la predicación Haddon W. Robinson nos dice que la predicación es un proceso vivo que involucra a Dios, al predicador y a la congregación. Robinson enfatiza que "ninguna definición puede pretender maniatar esta dinámica".[5] En su libro, *La predicación bíblica*, Robinson puntualiza su concepción de la siguiente manera:

"Es la comunicación de un concepto bíblico derivado de —y transmitido por medio de— un estudio histórico, gramatical y literario de cierto pasaje en su contexto, que el Espíritu Santo aplica, primero, a la personalidad y la experiencia del predicador, y luego —a través de este— a sus oyentes".[6]

Esta definición tiene una relevancia especial, ya que nos dice que la verdad que el predicador está llamado a exponer se deriva de *"un estudio histórico, gramatical y literario de cierto pasaje en su contexto"*. Por otra parte, pone un énfasis exclusivo en el hecho de que la verdad debe ser aplicada *"primero, a la personalidad y la experiencia del predicador, y luego —a través de este— a sus oyentes"*.

Otra definición popular de la predicación la expresó Jerry Vines en su fascinante libro *Power in the Pulpit*. Según Vines la predicación es: "La comunicación oral de la verdad bíblica por el Espíritu Santo, a través de una personalidad humana, a un público determinado; con la intención de permitir una respuesta positiva".[7]

Debemos destacar que, a diferencia de otras definiciones, Vines enfatiza que la predicación es la *"comunicación oral de la verdad bíblica... dada a una audiencia determinada"*. En otras palabras, la predicación según Vines, es un proceso de comunicación mediante el cual una persona comparte el mensaje de la Biblia con una audiencia determinada en un evento público.

Se han presentado muchas otras tesis de este concepto, pero solo tomamos algunas para demostrar que no existe una definición exclusiva de lo que es la predicación, lo cual es muy importante, ya que nos muestra las grandes dimensiones —y, por ende, posibilidades— del tema. Por lo tanto, no podemos afirmar que una concepción sea mejor que otra, más bien debemos sacar provecho de las distintas definiciones que a través de la historia se han presentado y extraer de cada una de ellas los elementos que tienen en común y que nos indican lo que realmente es la predicación.

Considerando los elementos que nos proporcionan las definiciones ya presentadas, permítanme expresar la nuestra; no sin antes aclarar que la misma no pretende sustituir la gran cantidad de definiciones —que han dado a través de los tiempos diferentes autores—, ni menos aun ser dogmática. Por nuestra parte, definimos la predicación del siguiente modo: *Es la comunicación oral del mensaje divino basado en el significado verdadero y exacto de uno o más textos bíblicos, la cual es transmitida a través del predicador y aplicada de una manera relevante para el oyente contemporáneo.*

El análisis de esta definición nos ayuda a comprender la esencia y los fines de la predicación. Por tal motivo, permítanme considerar a continuación los elementos fundamentales que de esta definición se desprenden.

ELEMENTOS ESENCIALES DE LA PREDICACIÓN

1. El contenido de la predicación

El contenido de la predicación, según lo expresado en nuestra definición, es el *"mensaje divino"*. Predicar no es otra cosa sino dar un mensaje de parte de Dios. Eso es lo que se espera, por lo menos, de un predicador; que es un mensajero cuya tarea es dar a otros el mensaje que Dios le ha conferido. La postura del predicador debe ser la misma que tuvo el profeta Micaías, que en cierta ocasión dijo: "Vive Jehová, que lo que mi Dios me dijere, eso hablaré" (2 Crónicas 18:13).

Es interesante observar el hecho de que —de los treinta y tres verbos griegos empleados por los escritores neotestamentarios para representar la riqueza de la predicación— sea *Kerysso* el verbo más utilizado.[8] Según los estudiosos del Nuevo Testamento, esa palabra se usa unas 60 veces y la misma hace referencia a la proclamación hecha por un heraldo. Al comentar la palabra *Kerysso,* el célebre predicador John Sttot afirma que así como "los heraldos investidos de autoridad pública comunicaban los mensajes oficiales de los reyes, magistrados, príncipes y jefes militares, los *predicadores cristianos son embajadores en nombre de Cristo, no para propagar puntos de vista, opiniones o ideales, sino para proclamar los hechos poderosos de Dios".*[9]

El predicador debe estar consciente de que es un heraldo que está llamado a comunicar el mensaje divino. Creo que el mayor peligro y la mayor presunción que corre el predicador es ignorar este hecho. Él debe luchar por entender que el contenido de la predicación es la verdad o el mensaje divino, no sus ideas, doctrinas, filosofías, especulaciones morales ni experiencias religiosas. Dios ha dado el mensaje divino y el predicador solo debe hacerse eco de lo que Dios ha dicho. Bien lo expresó Karl Barth cuando dijo que "en la predicación no tenemos nada que decir, sino repetir".[10]

2. El fundamento de la predicación

La definición continúa afirmando que la predicación se *"basa en el significado verdadero y exacto de uno o más textos bíblicos".* El contenido de la predicación proviene de las Escrituras. La predicación —tal como escribiera Karl Barth— "es una explicación de la Escritura".[11] Si lo que se expone en el púlpito no está basado en la Palabra de Dios, es de poco o ningún valor para los oyentes.

Dios ha dado el mensaje divino y el predicador solo debe hacerse eco de lo que Dios ha dicho.

Es de suma relevancia destacar el hecho de que la predicación se basa, no en un texto o textos bíblicos sino, en el significado verdadero y exacto de los mismos. Citar la Biblia frecuentemente en un sermón no es garantía de que el mismo tenga autoridad bíblica. Lo que brinda autoridad a la predicación es "maneja[r] con precisión la palabra de verdad" (2 Timoteo 2:15, Biblia de las Américas).

La predicación debe fundarse en las Escrituras y desarrollarse conforme al flujo natural del pensamiento del autor bíblico. En otras palabras, si Isaías, Jeremías, Amós o Pablo escucharan un sermón basado en sus escritos, deberían decirse para sus adentros: "Sí, eso mismo es lo que yo dije".

3. El predicador, instrumento de comunicación

Un elemento que no podemos pasar por alto al definir la predicación es la persona del predicador. El mensaje divino, según la definición que estamos estudiando, es *"transmitido a través del predicador"*. En otras palabras, el predicador es el conducto por el cual fluye el mensaje divino.

Podemos afirmar con toda seguridad que el predicador es irremplazable. Pablo Perla afirma que: "Mientras existan seres humanos en este mundo, existirá la predicación y se necesitará del predicador; porque el predicador es un eslabón vital e imprescindible en el plan de la salvación. El predicador es la persona a quien el cielo ha encargado la tarea de conectar al pecado humano con el perdón divino, la necesidad humana con la omnipotencia divina, la ignorancia humana con la revelación divina".[12]

Que el predicador sea el medio por el cual se comunica el mensaje divino es un gran privilegio y a la vez una gran responsabilidad. Como instrumento de comunicación, el predicador debe cumplir con las exigencias que demanda predicar el mensaje divino. Lo primero que el predicador debe aceptar es que la fuente de poder de la predicación no radica en los grados académicos, ni en los dotes o talentos naturales del expositor sino en el poder del Espíritu Santo que obra por medio del instrumento que ha vivido en su presencia y se ha rendido a su influencia.

Lo segundo que el predicador debe saber es que el éxito de su exposición será, en gran medida, de acuerdo a la pureza y perfección del instrumento. Un predicador santificado en la verdad es un instrumento impresionante en las manos de Dios. El mensaje divino fluye sin obstáculos cuando el predicador ha colocado su vida en el altar de la consagración.

En último lugar, el predicador debe aceptar el hecho de que el mensaje divino debe ser aplicado primero a su propia vida antes que obre con poder en las de los demás. Predicar el mensaje divino sin vivirlo es una inmoralidad. El verdadero predicador, sean cuales sean sus defectos y limitaciones, ha de estar identificado con el mensaje que comunica. Debe reverenciar y amar a Dios, respetar y amar su Palabra. Ha de reflejar los principios en su propia vida antes de demandarlo a los oyentes. La gente necesita predicadores que comuniquen la verdad con sus palabras y muestren la verdad con sus hechos.

El mensaje divino fluye sin obstáculos cuando el predicador ha colocado su vida en el altar de la consagración.

Sin embargo, con todo lo dicho no pretendo dejar la impresión de que para predicar hay que ser perfecto. Pues si así fuera, ninguno de nosotros estaría en condición de hacerlo. Mas creo que para predicar debemos vivir la experiencia diaria del crecimiento en la fe para llegar a decir con el apóstol Pablo: "Hermanos, yo mismo no pretendo haberlo alcanzado; pero una cosa hago: olvidando ciertamente lo que está detrás, y extendiéndome a lo que está delante, prosigo a la meta, al premio del supremo llamamiento de Dios en Cristo Jesús" (Filipenses 3:13-14).

4. El objeto de la predicación

En último lugar, nuestra definición nos dice que el mensaje divino que se fundamenta en las Escrituras y se comunica a través del predicador debe ser *"aplicado de una manera que sea relevante para el oyente contemporáneo"*.

El objetivo final de la predicación (este concepto será tratado en detalle más adelante) es aplicar la verdad, no saciar la curiosidad. Por medio de la predicación, el atribulado ha de recibir consuelo; el que se haya en perplejidad, luz; el rebelde, amonestación; el penitente, promesa de perdón; el caído, perspectiva de levantamiento y restauración; el fatigado, descanso y fuerzas nuevas; el frustrado, esperanza; el inconverso, la palabra cautivadora de Cristo; el santo, el mensaje para crecer en la santificación. El púlpito, tal como dijera José M. Martínez, "ha de ser la puerta de la gran despensa divina, de la cual se sacan provisiones necesarias para suplir las necesidades espirituales de los oyentes".[13]

Debemos entender, como predicadores, que la aplicación del mensaje divino constituye el corazón de la predicación. Predicar, según lo expresa Arthur Allen, "es hacer la verdad más clara, la responsabilidad más urgente, alumbrar la mente, despertar la conciencia, tocar el corazón, persuadir a los hombres y mujeres a aceptar el mensaje evangélico y vivir una vida cristiana[14]".

No podemos pasar por alto que en nuestra definición se enfatiza que la aplicación del mensaje divino debe hacerse de una manera que sea *"relevante para el oyente contemporáneo"*. La predicación no consiste solo en explicar y dar el significado verdadero y exacto de lo que Dios dijo hace miles de años a través de las Escrituras; más aun, consiste en presentar lo que Dios está diciendo aquí y ahora por medio de las Escrituras. La predicación es mucho más que un acontecimiento en el tiempo, es un evento que ofrece lo que Dios nos dice ahora mismo, a nosotros, justo aquí, donde estamos. Me parece correcta la manera en que Kenton

C. Anderson compendia este concepto al decir que "la predicación es ayudar a las personas a oír lo que Dios dice".[15]

En resumen, podemos decir basados en nuestra definición, que la predicación es la comunicación oral cuyo *contenido* es el mensaje divino. Su *fundamento* es el significado verdadero y exacto de uno o más textos bíblicos. Su *instrumento* es la personalidad del predicador y su *objetivo* es la aplicación de la verdad de una manera relevante a la vida del oyente contemporáneo.

LA PREDICACIÓN Y SU IMPORTANCIA PARA HOY

Actualmente hay algunas voces que afirman, aun dentro del cristianismo, que la predicación ha pasado de moda, que sus días han terminado y que la misma ha sido superada por los medios modernos de comunicación. En muchos círculos contemporáneos, la predicación no tiene razón de ser y es incompatible con la sociedad actual. La predicación, según dicen, es "un arte moribundo, una forma obsoleta de comunicación, el eco de un pasado que quedó atrás".

Sin embargo, a pesar de todos los argumentos opuestos a la predicación, se puede afirmar con toda seguridad que es tan relevante hoy como siempre lo ha sido; que la misma no ha pasado de moda y que sus años dorados no son asunto del pasado sino que sus mejores años están por delante.

Refiriéndose a la importancia de la predicación, el ministro británico John Stott escribió que la misma es indispensable para el cristianismo. "Sin ella —afirmó—, se pierde una parte necesaria de su autenticidad, puesto que el cristianismo es por su esencia la religión de la Palabra de Dios".[16]

Por su parte, Carl J. Sanders enfatizó la importancia de la predicación al señalar que "la historia prueba que la iglesia puede existir sin edificios, sin liturgias, sin coros, sin escuelas bíblicas, sin clérigos profesionales, sin credos y aun sin sociedades eclesiásticas.

Pero es muy probable que no pueda existir sin la predicación de la Palabra. La predicación tiene más poder que cualquier otra cosa que la iglesia tenga o haga".[17]

Puesto que la predicación es indispensable para el cristianismo, permítanme abordar de manera breve cinco áreas en las que adquiere un papel protagónico.

1. La predicación y la salvación de los perdidos

San Pablo, en su Primera Carta a los Corintios, dice que: "Agradó a Dios salvar a los creyentes por medio de la locura de la predicación".[18] E. G. White nos dice en *Testimonio* (tomo 5, p. 87) que "la predicación del evangelio es el agente escogido por Dios para la salvación de las almas". La predicación juega un papel importante en la salvación, ya que como dijera el apóstol Pablo en Romanos 10:17: "Así que la fe es por el oír, y el oír, por la palabra de Dios".

2. La predicación y el cumplimiento de la misión

El mensaje de la salvación de nuestro Señor Jesucristo debe ser transmitido. Esa trasmisión se lleva a cabo primordialmente mediante la predicación. El pastor C. B. Hayne indicó que: "El cristianismo, como mensaje será propagado por medio de la predicación. Como verdad, será enseñado por medio de la predicación. Como cuerpo de doctrina, será explicado por medio de la predicación. Como vida, será impartido por medio de la predicación".[19]

3. La predicación y el crecimiento de la iglesia

La predicación es parte esencial en el crecimiento de la iglesia. No es casualidad que, originalmente, la iglesia haya nacido y se haya desarrollado a través de la predicación. De hecho, casi cada vez que Lucas hizo alguna observación acerca de los patrones de crecimiento de la iglesia primitiva, se expresó en términos como estos: "Y crecía la palabra del Señor". La predicación es la estrategia principal de Dios para el crecimiento de la iglesia. John MacArthur afirma que: "El ministerio de la palabra es la principal arma espiritual en el arsenal de la iglesia, la única semilla para la plantación de nuevas congregaciones, la herramienta para la edificación de los nuevos creyentes y la primordial estrategia en el plan de Dios para discipular las naciones. No la predicación, no la iglesia. No la proclamación, no el crecimiento de la iglesia. La predicación es el corazón, la sangre y todo el sistema circulatorio de la iglesia y su crecimiento".[20]

La iglesia que reciba el Pan de vida a través de la predicación, gozará de cristianos fuertes.

4. La predicación y el avivamiento

La predicación siempre ha sido precursora del amanecer de alguna reforma o de un avivamiento. "Cualquier estudio de los periodos de gran avivamiento —alega Martin Lloyd Jones— demuestra, ante todo, este simple hecho: que la iglesia cristiana ha hablado con autoridad en cada uno de esos periodos. La gran característica de todos los avivamientos ha sido la autoridad del predicador".[21]

La predicación es la clave para el avivamiento de la iglesia. Griffith Tomas, en su obra *The Work of the Ministry,* señala que: "La prosperidad espiritual de cualquier iglesia es principalmente determinada por el ministerio del don de la predicación y afirmo mi convicción de que la condición espiritual de la iglesia hoy está en directa proporción a la negligencia en la predicación. Cuando observamos la falta de interés en la asistencia a la iglesia y, todavía más, la ausencia del poder espiritual en la vida de la iglesia, no creo que sea muy errado describir esa situación como negligencia en la predicación".[22]

5. La predicación y el cuidado pastoral

Por último, la predicación es vital para el cuidado pastoral de la iglesia. Jesús le ha encomendado a cada ministro la misma encomienda que le dio a Pedro: "Apacienta mis ovejas" (Juan 21:15). La salud espiritual de la iglesia está estrechamente ligada con la predicación que las nutre. Los miembros necesitan alimento espiritual. Únicamente la exposición de la Palabra de Dios puede suplir esa necesidad. La iglesia que reciba el Pan de vida a través de la predicación, gozará de cristianos fuertes. Por el contrario, la que carezca de predicación bíblica será testigo de la apostasía y decadencia de sus miembros.

CONCLUSIÓN

Podemos afirmar, para concluir que, contrario a lo que muchos profetas modernos declaran, la predicación vive y goza de buena salud. La comunicación oral del mensaje divino es necesaria hoy más que nunca. Tanto la sociedad que corre tras el secularismo y la iglesia que decae ante la apatía, necesitan hoy más que nunca el bálsamo curativo que solo viene a través de la exposición fiel de la Palabra de Dios.

GUÍA DE ESTUDIO

1. ¿Cuáles son las preguntas que deben ser respondidas antes de enfocarnos en los aspectos prácticos relacionados con la predicación?
2. Defina brevemente qué es la predicación.
3. ¿Cuál es su objetivo al predicar?
4. Enumere los elementos esenciales de la predicación.
5. ¿Cuáles son las cinco áreas protagónicas de la predicación?

Referencias:

1. Ian Pitt-Watson, *A Primer for Preacher* (Grand Rapids, MI: Baker Book House, 1996), p. 11.

2. Phillips Brooks, *Lecture on Preaching* (Grand Rapids, MI: Zondervan Publishing House, 1969), p. 5.

3. Janes D. Crane, *El sermón eficaz* (El Paso, TX: Casa Bautista de Publicaciones, 1971), p. 20.

4. Donald L. Hamilton, *Homiletical Handbook* (Nashville, TN: Broadman & Holman Publisher, 1992), p. 13.

5. Haddon Robinson, *La predicación bíblica* (Miami, FL: Logoi, 2000), p. 18.

6. Haddon Robinson, p. 18.

7. Jerry Vine, *Power in the Pulpit* (Chicago: Moody Press, 1999), p. 27.

8. Para un estudio más detallado véase Gerhard Friedrich, *Theological Dictionary of the New Testament*, vol. 3 (Grand Rapids, MI: Eerdmans, 1996), p. 703.

9. John Stott, *Imágenes del predicador en el Nuevo Testamento* (Grand Rapids, MI: Eerdman, 1996), pp. 28-29.

10. Karl Barth, *La proclamación del evangelio* (Salamanca, Ediciones Sígueme, 1969), p. 22.

11. Karl Barth, p. 22.

12. Pablo Perla, *Ministerio Adventista: La importancia del predicador y la predicación* (Miami, FL: División Interamericana, Año 60-N 1, 2003), p. 14.

13. José M. Martínez, *Ministros de Jesucristo* (Terrassa, Barcelona: Editorial CLIE, 1977), p. 113.

14. Citado por Lloy Perry, *A manual for biblical preaching* (Grand Rapids, MI: Baker Book House, 1971), p. 2.

15. Kenton C, Anderson, *Predicando con convicción* (Grand Rapids, MI: Editorial Portavoz, 2004), p. 51.

16. John Stott, p. 13.

17. Citado por Stephen F. Olford, *Guía de la predicación expositiva* (Nashville, TN: B&H Group, 2005), p. 5.

18. 1 Corintios 1:21.

19. C. B. Haynes, *The divine Art of Preaching* (Washington, DC: Review and Herald Publishing Association. 1939), p. 18.

20. Citado por David Eby, *Power Preaching for Church* Growth (Christian Focus Publications, 2009), p. 9.

21. Martin Lloyd-Jones, *Autority* (Downer Grove, IL: InterVarsity, 1958), p. 10.

22. Citado por Alfonzo Valenzuela, *Exposición del mensaje divino* (Pasadena, California: Living Ministry, 2005), p. 16.

CAPÍTULO 2

EL VERDADERO PROPÓSITO DE LA PREDICACIÓN

El reconocido predicador A. W. Dale tenía por costumbre pronunciar su sermón ante su esposa antes de exponerlo. Un día, después de que terminara su ensayo, ella le preguntó: "Dime, ¿para qué quieres predicar este sermón?" La pregunta giró en la mente de aquel predicador diligente molestándole con insistencia.

Ahora bien, ¿Y para qué? ¿Por qué predicar un sermón? Hasta que no se respondan esas preguntas no se está preparado para predicar. Si deseamos predicar con efectividad es necesario definir el propósito de la predicación.

Los manuales de predicación tradicionalmente se han enfocado en el método de preparar y desarrollar sermones. En cierto sentido, esto no es del todo incorrecto ya que el método —como veremos más adelante—, es de suma relevancia. Pero más importante aun es descubrir la filosofía que yace tras la predicación, ya que podemos pasar horas aprendiendo oratoria y técnicas de predicación efectiva pero, si ignoramos o pasamos por alto el objetivo o propósito que persigue la predicación, estamos perdiendo el tiempo. Por tanto, ¿cuál es el propósito de la predicación? Cuando el predicador se posiciona detrás del púlpito, ¿qué debería esperar que acontezca como resultado de su exposición?

PROPÓSITO BÍBLICO DE LA PREDICACIÓN

A fin de tener claro cuál es el objetivo de la predicación es necesario detenernos y analizar brevemente el propósito que Dios tuvo al darnos su Palabra. Leamos lo que San Pablo dice con respecto al propósito de las Escrituras:

"Toda la Escritura es inspirada por Dios, y útil para enseñar, para redargüir, para corregir, para instruir en justicia, a fin de que el hombre de Dios sea perfecto, enteramente preparado para toda buena obra" (2 Timoteo 3:16-17).

Si deseamos predicar con efectividad es necesario definir el propósito de la predicación.

En estos versículos el apóstol nos muestra algunas verdades acerca del propósito de las Escrituras que debemos resaltar. *Primero*, en ellos se considera el origen de las Escrituras: son inspiradas por Dios. *Segundo*, nos muestran para qué son beneficiosas o útiles las Escrituras. *Por último*, revelan el fin o propósito por el cual nos fueron dadas las Escrituras.

Ahora bien, para ver con más claridad los puntos antes resaltados, permítanme desempolvar mi griego y echar un vistazo a la estructura original al texto.

Πασα	γραφή	θεόπνευστος	και	ώφέλιμος
Toda	**Escritura**	**es respirada de Dios**	**y**	**útil**
πρός	διδασκλίαν			
para	**doctrina (enseñanza)**			
πρός	έλεγμόν			
para	**reprender**			
πρός	έπανόρθωσιν			
para	**corregir**			
πρός	παιδείαν	τήν	έν	δικαιοσύνη
para	**instruir**	**en**	**la**	**rectitud**
ϊνα	΄ρτιος	ή	΄τοϋ θεοϋ άνθρωπος	
para que	**completo**	**pueda ser**	**el hombre de Dios**	
πρός	παν	΄ργον	άγαθόν	έξηρτισμένος
para	**toda**	**obra**	**buena**	**enteramente preparado.**

No se necesita ser experto en griego para darse cuenta de que el propósito de la Escritura no es enseñar, redargüir, corregir ni instruir en justicia. ¡No! Estos tan solo son métodos o medios para lograr un fin. Note que dice: *pros didaskalian* (para enseñar), *pros elegmon* (para reprender), *pros epanorthosin* (para corregir), *pros paideian ten en dikaiosune* (para instruir en justicia). Pero después el texto dice: *ina* (a fin de que). Este es el propósito, aquí está el propósito de las Escrituras: *"para que el hombre de Dios pueda ser perfecto en todo, que esté completamente capacitado, completamente preparado, completamente equipado para toda buena obra".*

El propósito de la Biblia no es enseñar, reprender, corregir o instruir. El propósito de la Biblia es que nuestras vidas sean cambiadas. "La Palabra de Dios —escribió Juan Calvino— no es para enseñarnos a hablar sin que se nos entienda o para ser elocuentes y sutiles... es para reformar nuestras vidas, para que tengamos el deseo de servir a Dios, para entregarnos completamente a Él y conformarnos a su buena voluntad".

Escribiendo acerca del propósito de las Escrituras, el gran evangelista del siglo dieciocho D. L. Moody, afirmó: "La Biblia nos ha sido dada no para aumentar nuestro conocimiento sino para cambiar nuestras vidas".

Siendo que el objetivo primordial de las Escrituras no es la transmisión de información sino la transformación completa de nuestras vidas, todo intento por comunicar sus verdades debe tener el mismo fin. "El propósito del sermón —según lo expresado por Donald Sunukjian— no es impartir conocimiento, es cambiar nuestra conducta. Su función no es informar, sino transformar. *La meta de la predicación no es volver más educados a los oyentes, sino que sean más semejantes a Cristo".*[1]

Sí, esa es la meta que persigue la predicación, que los oyentes sean transformados a la semejanza de Jesús. "La predicación —expresó Stephen F. Olford— no cumple su objetivo si no cambia el carácter y la conducta. La predicación debe tener como meta no solo la transmisión de la verdad, sino también la transformación de la vida".[2]

DOS ERRORES COMUNES EN LA PREDICACIÓN

Al hablar del propósito de la predicación, debemos detenernos y analizar los dos errores en que la mayoría de los expositores hemos caído una que otra vez. Estos dos errores representan dos extremos peligrosos para la predicación. No importa si nos inclinamos a uno o a otro, ambos minimizan el propósito bíblico de la predicación.

Primer error

En un extremo está la predicación que es fuerte en contenido y débil en aplicación. Este es un error frecuente en la exposición, especialmente en los círculos académicos. Recuerdo haber sido invitado a escuchar a cierto predicador que era una autoridad en Antiguo Testamento. Antes de comenzar su exposición, se dirigió al público con estas palabras: "Soy teólogo, no predicador. El predicador intenta aplicar, pero el teólogo intenta explicar". Dicho eso, dedicó unos cuarenta minutos a explicar —a la luz del hebreo— el capítulo uno de Levítico. Al finalizar su "sermón" todos salimos de la capilla impresionados por la "profundidad" de la exposición. ¡Tan profundo fue su "sermón" que el tiempo no le fue suficiente para abarcar todo el material! Sí, el sermón fue profundo en el estudio de las lenguas antiguas, la teología, la arqueología y así por el estilo. Pero, ¿y qué?

Kenton Anderson en su libro, *Predicando con convicción*, se refiere a esos predicadores como arqueólogos de la homilética. "Los arqueólogos —declara Anderson— dedican mucho tiempo a hurgar entre el polvo para sacar tesoros antiguos que tienen poca utilidad en el mundo contemporáneo. Muestran al mundo sus descubrimientos y dicen orgullosos: 'Miren lo que he encontrado. ¿No es precioso, bello y antiquísimo?' Y el resto del mundo bosteza y dice: 'A mí solo me parece un pedazo de cerámica roto'. Muchos predicadores suelen indagar en el polvo de los textos antiguos y encuentran algunas verdades tan lejanas en el tiempo y el espacio que a los ojos del mundo parecen solo pedazos de cerámica rotos. Predicar como arqueólogo no es satisfactorio".[3]

El predicador debe entender que la mayoría de las veces no está hablando a un grupo de estudiantes en un seminario, sino a una iglesia compuesta de creyentes y no creyentes, de niños y ancianos, profesionales y obreros, de ricos y pobres, de los que están deseosos de oír y obedecer como de los que son completamente apáticos.

Como predicadores debemos aceptar que estamos predicando a un mundo real con problemas reales. En nuestras congregaciones hay esposos que están balanceándose en la cuerda floja de la infidelidad. Esposas cuyos planes son insostenibles. Parejas que están sumergidas en el mar de las deudas. Adolescentes que están donde están porque sus padres los obligan. Chicas a quienes les han dicho que el valor que tienen no va más allá de la belleza física. Allí están todos sentados. En silencio. Esperando escuchar lo que Dios dice. Y si nuestra predicación se queda solo en la explicación y no se relaciona con la vida y las necesidades del oyente, estaremos tan solo golpeando el aire.

Haddon W. Robinson nos recuerda a los predicadores que:

> "Rara vez, las personas normales sufren insomnio a causa de los jebuseos, los cananeos o los amorreos; ni siquiera a causa de lo que Abraham, Moisés o Pablo dijeron o hicieron... La gente no duerme pensando en los precios de la mercadería, el fracaso de las cosechas, la discusión con la novia, el diagnóstico de una enfermedad maligna, una vida sexual frustrante, la escala de la competencia profesional donde siempre gana el otro. Si el sermón no tiene que ver mucho con ese mundo, la gente se preguntará si, en realidad, tendrá alguna utilidad".[4]

Y si nuestra predicación se queda solo en la explicación y no se relaciona con la vida y las necesidades del oyente, estaremos tan solo golpeando el aire.

Segundo error

En el extremo opuesto está la predicación cuyo énfasis es en las emociones y las necesidades de los oyentes, sin prestar atención a la verdad bíblica. Es la predicación fuerte en aplicación pero débil en contenido. Recuerdo haber escuchado a un predicador que antes de iniciar su sermón dijo: "Hoy, al finalizar el sermón, todos los presentes llorarán". Sus palabras se cumplieron pues, justo antes de finalizar, la congregación estaba inundada por las lágrimas. Lo interesante fue que ¡el primero en comenzar a llorar fue el predicador!

Es muy común, en la actualidad, ver cuadros semejantes. Las presentaciones dramatizadas, el juego de luces, la música de fondo y la voz del predicador que relata una historia conmovedora, hacen que muchos salgan de la iglesia bañados en lágrimas, peor que como entraron.

Es triste, pero algunos predicadores evalúan su exposición por la cantidad de lágrimas que derraman los oyentes durante el sermón. Entiendo que la verdad llega al corazón y que las personas responden de diversas maneras. Pero el predicador no debe tener como objetivo principal estimular los sentimientos o emociones de sus oyentes. La predicación auténtica nunca sacrificará la verdad en el altar de las emociones. Un predicador, por ejemplo, puede dramatizar el relato de la crucifixión y proyectar en la pantalla varias secciones de la película *La pasión de Cristo* y con ello hacer que sus oyentes derramen sus lágrimas. Pero si no explica el significado del texto bíblico y demuestra el significado de la cruz en el plan de la salvación, estaría tan solo haciendo lo mismo que Mel Gibson, una buena película y nada más.

La predicación auténtica nunca sacrificará la verdad en el altar de las emociones.

Como predicadores, debemos tener claro que nadie en la congregación toma la Biblia más en serio que lo que la toma el predicador. Es un axioma el que la predicación superficial no producirá nada más que cristianos superficiales.

HACIA UNA PREDICACIÓN INTEGRAL

Antes de continuar es importante que entendamos que en la sección anterior no dijimos que informar, tocar los sentimientos y estimular la voluntad sea malo en sí. Al contrario, cada uno de esos elementos juega un papel relevante en la predicación. Lo que sí queremos advertir es el peligro que existe en enfatizar un elemento a expensas de otro.

Creo que lo ideal debe ser llegar a integrar la información, las emociones y la voluntad en la predicación, de modo que se le dé a cada una la debida atención. Es lo que denominamos predicación integral. Un ejemplo de este tipo de predicación lo provee el libro de Nehemías. En el capítulo 8, versículos 2 y 3 se nos dice que:

> "El sacerdote Esdras trajo la ley delante de la congregación, así de hombres como de mujeres y de todos los que podían entender, el primer día del mes séptimo. Y leyó en el libro delante de la plaza que está delante de la puerta de las Aguas, desde el alba hasta el mediodía, en presencia de hombres y mujeres y de todos los que podían entender; y los oídos de todo el pueblo estaban atentos al libro de la ley".

En una época en la que el pueblo de Israel estaba en apostasía, apartado de la ley de Dios Esdras, como líder, entendió que el pueblo necesitaba volverse de todo corazón al Señor. A fin de lograrlo, tomó la firme decisión de convocar al pueblo para explicarles los principios de Dios. En el versículo 5 nos dice que "abrió, pues, Esdras el libro a los ojos de todo el pueblo, porque estaba más alto que todo el pueblo; y cuando lo abrió todo el pueblo estaba atento".

Esdras se propuso explicar la ley al pueblo. Llama la atención que el versículo número ocho nos dice que también sus asistentes "leían en el libro de la ley de Dios *claramente, y ponían sentido, de modo que entendiesen la lectura*".

El texto que acabamos de citar presenta tres cosas importantes hechas por Esdras y sus asistentes. Primero, leían en el libro de Dios claramente. Segundo, le daban sentido a la lectura. Tercero, buscaban la manera de que el pueblo entendiese.

La predicación de Esdras tenía un fuerte contenido bíblico. Él estaba consagrado a explicar las palabras de las Escrituras y a presentar su significado exacto ante sus oyentes. Como resultado de ello, ¿qué aconteció? El versículo 9 dice que: "Todo el pueblo lloraba oyendo las palabras de la ley."

Esdras, tal como afirma John Garlock, "comenzó con el libro y finalizó con la gente".[5] No se estancó en la explicación del texto y su significado, sino que también tocó las sensibles fibras del corazón del pueblo. Esdras entendió que no bastaba solo con presentar la verdad, también supo que era importante que el pueblo sintiera el peso de ella en su corazón.

Sin embargo, no se conformó solo con explicar la verdad y aplicarla a sus oyentes, sino que también motivó al pueblo a que hiciera una reforma en su estilo de vida. Gracias a su predicación, el pueblo tomó la decisión de apartarse de las costumbres paganas y romper su vínculo con los pueblos extranjeros. Al final de la historia, la Biblia nos dice que los hijos de Israel "confesaron sus pecados y adoraron a Jehová su Dios" (Nehemías 9:3).

Esdras entendió que no bastaba solo con presentar la verdad, también supo que era importante que el pueblo sintiera el peso de ella en su corazón.

El ejemplo de Esdras nos brinda un modelo de predicación integral. Él leyó el texto y explicó su significado verdadero. Aplicó el mensaje de tal manera que los oyentes se compungieron por sus pecados. Por último, motivó al pueblo para que abandonaran sus prácticas pecaminosas y volvieran al camino del Señor. El resultado de tal predicación fue un cambio de conducta en los oyentes. ¡Eso sí que es predicación!

CONCLUSIÓN

Permítame concluir este capítulo con la misma pregunta que se le hiciera a A. W. Dale por parte de su esposa: ¿Para qué quiere predicar? ¿Cuál es su objetivo? ¿Gente más inteligente? ¿Gente más compungida? ¿Gente más alegre? O, ¿gente cambiada?

Quiero que entienda que si su meta es quedar bien, intentará predicar un gran sermón. Si su propósito exclusivamente es informar, pasará por alto las necesidades del oyente. Si tan solo persigue tocar las emociones, olvidará edificar y equipar al oyente. Por tanto, ¿qué debe hacer?

Debe entender que la predicación solo es un medio para lograr un fin. Que el objeto de la predicación es ver a Dios cambiando vidas a través de su Palabra. Sí, es cierto, la predicación debe tener un profundo sentido y un significado bíblico. También debe tocar las emociones y motivar la voluntad. Pero todo eso debe ser integrado con el fin de ver el producto terminado que es, no la elaboración de un gran sermón sino, las vidas de los oyentes cambiadas y transformadas.

GUÍA DE ESTUDIO

1. ¿Cuál es el propósito de la predicación?
2. ¿Qué afirma San Pablo en cuanto al propósito de las Escrituras? Mencione la cita bíblica.
3. ¿Cuáles son los dos errores más comunes en la predicación? Explíquelos brevemente.
4. ¿Cuáles eran las tres cosas importantes que Esdras y sus ayudantes hicieron con respecto al libro de Dios?
5. ¿Qué entendió Esdras en cuanto a presentar la verdad que también debe ser importante que comprendamos hoy?

Referencias:

1. Donald Sunukjian, *Volvamos a la predicación bíblica* (Grand Rapids, MI: Editorial Portavoz, 2010), p. 10.

2. Stephen F. Olford, *Guía de la predicación expositiva* (Nashville, Tennessee: B&H Group, 2005), p. 73.

3. Kenton Anderson, *Predicando con convicción* (Grand Rapids, MI: Editorial Portavoz, 2004), p. 54.

4. Haddon W. Robinson, *La predicación bíblica* (Miami, FL: Logoi, Inc, 2000), p. 26.

5. John Garlock, *Keys To Better Preaching* (Tulsa, OK: Faith Library Publication, 2000), p. 4.

CAPÍTULO 3

LA HOMILÉTICA Y EL ESTUDIO DEL SERMÓN

Las palabras predicación y homilética se emplean a menudo de manera intercambiable, pero técnicamente no son idénticas. Predicación es un término más amplio que hace referencia a la tarea total de la preparación y exposición de sermones. Por otro lado, homilética es solo una parte de la tarea de la predicación.

Según Lloyd M. Perry, homilética es la "ciencia que trata de la naturaleza, clasificación, análisis, construcción y composición del sermón. Es la ciencia de la cual la predicación es el arte y el sermón el producto".[1]

La homilética como ciencia nace gracias al estudio cuidadoso de los mejores sermones de todas las épocas de la iglesia. En su libro *Expository Preaching*, Harold T. Bryson señala que la homilética comenzó cuando alguien interpretó el texto bíblico para otra persona. Se dice que en el año 115 d.C., Ignacio le escribió una carta a Policarpo en la cual se refiere a la palabra hablada a una congregación como una *homilía*. El término homilía probablemente significa que las palabras del predicador decían lo mismo que lo que decía el texto bíblico, pero de otra manera.[2]

La homilética como ciencia, según escribe Tomas Hankins, persigue sobre todo ayudar al predicador a "preparar con facilidad sermones que presenten en forma atrayente un mensaje de la Palabra de Dios, con tal eficacia que los oyentes comprendan lo que deben hacer y sean movidos a hacerlo".[3]

Siendo que la homilética es la ciencia que trata de la preparación, clasificación, análisis construcción y composición del sermón, nos proponemos en este capítulo abordar de manera breve algunos asuntos de suma importancia relacionados al sermón.

La homilética como ciencia nace gracias al estudio cuidadoso de los mejores sermones de todas las épocas de la iglesia.

DEFINICIÓN DE SERMÓN

La palabra "sermón" viene del latín *sermo, sermoiar*, que originalmente significaba "hablar" o "conversar", e implica la idea de una comunicación hablada.[4] Es triste pero, en la sociedad actual, el término sermón tiene una connotación un tanto negativa. Es frecuente escuchar a las personas decir: "No me sermonee" o "No estoy para sermones". Pareciera que el vocablo, en el ambiente secular, es sinónimo de "represión", "regaño" o "reprimenda".

Sin embargo, a pesar del concepto que la sociedad ha creado del sermón, se puede decir que nada ha influido tanto en la historia y el cambio de los pueblos como el sermón. A través de él se han logrado reformas que de otra manera habría sido imposible lograr. Gracias al sermón, algunas sociedades han sido rescatadas del caos y la anarquía. El sermón ha servido como un instrumento para cambiar el rumbo de la historia. Fue gracias a los sermones predicados por Juan Wesley que Inglaterra no acabó en una revolución similar a la de Francia.[5] De igual manera fue el sermón titulado «Pecadores en las manos de un Dios airado» predicado por Jonathan Edwards que trajo un avivamiento a la nación. Fueron los sermones de Martín Lutero los que marcaron el comienzo de la Reforma protestante, cuya influencia se ha sentido en la historia en casi todas las áreas del saber.

Mas apartándonos un poco del concepto que la sociedad tiene del sermón, permítanme concentrarme en la definición que nos proporciona la homilética. Esta lo define de dos modos: Lo que no es un sermón y lo que es un sermón.

Partiendo del estudio de la homilética podemos afirmar que:

1. El sermón no es una actuación teatral. Pensar en el predicador como que es un actor o entretenedor es, desde luego, un error trágico.
2. El sermón no es un comentario noticioso sobre sucesos actuales.
3. El sermón no es una conferencia teológica o bíblica.
4. El sermón no es una lección de cómo vivir la vida cristiana ni una instrucción moral.

El sermón ha servido como un instrumento para cambiar el rumbo de la historia.

Entonces, ¿qué es el sermón? El doctor Thompson nos dice que es "una palabra del Señor para usted". Es un "discurso formal, fundado en la Palabra de Dios y que tiene por objeto salvar a los pecadores". Añadiendo a esta definición, Lloyd Perry nos dice que "sermón es la explicación, ilustración y aplicación de la Palabra de Dios. El sermón es un evento; ocurre cuando alguien presenta el mensaje cristiano ante una audiencia en el contexto de la adoración cristiana[6]". Es importante destacar el hecho de que el sermón no es meramente un discurso, ya que el mismo por su propósito es mucho más. El discurso es un fin en sí, el sermón no. El sermón es un medio para lograr un fin. Es una herramienta por medio de la cual se enseñan los principios básicos y avanzados de la fe cristiana.[7]

CLASIFICACIÓN DEL SERMÓN

Los sermones se pueden clasificar por su propósito, diseño o fuente. Tradicionalmente, se han identificado tres tipos de sermones bíblicos.

1. **Sermón expositivo:** Este sermón es el que, fundamentado en una unidad de la Biblia, presenta un aspecto del mensaje del texto. Un sermón expositivo, según James Braga, "es aquel en el que se interpreta una porción más o menos extensa de las Escrituras en relación con un tema o asunto. El grueso del material para el sermón se toma directamente del pasaje y el bosquejo consiste en una serie de ideas progresivas centradas alrededor de aquella idea principal".[8]

2. **Sermón textual:** Este tipo de sermón comenta frase por frase uno o dos versículos de la Biblia. De este modo obtiene del texto tanto su tema como las divisiones de su desarrollo. En el sermón textual "las divisiones principales se forman a partir de las partes primordiales del texto, y se presentan en el mismo orden en que aparecen en él".[9]

46

3. **Sermón temático:** Este tipo de sermón parte de un asunto de interés general, una doctrina o un episodio de la historia de la iglesia. En su desarrollo se hace una reflexión sobre el tema a la luz del mensaje de la Biblia y del pensamiento cristiano. Emilson dos Reis hablando sobre el sermón temático dice que el mismo comienza con la elección de un asunto y sigue luego con la búsqueda de los textos necesarios para apoyarlo.[10]

La clasificación del sermón anteriormente presentada aparece en los primeros manuales de homilética de la historia. Harold T. Bryson, en *Expository Preaching,* señala que el documento del siglo XIII, titulado *Tractatus de Arte Praedicandi* es uno de los primeros en presentar estos tres tipos de sermones. Por su parte, John A. Broadus hace más de cien años clasificó el sermón de la misma manera.

La categorización del sermón, sin embargo, ha cambiado radicalmente con el tiempo. Entre los estudiosos de la predicación contemporánea, la clasificación del sermón entre textual, temático y expositivo es considerada arbitraria e irrelevante. Donald R. Sunukjian, que es considerado como una autoridad en materia de predicación, nos dice que:

"Al hablar de predicación bíblica, las viejas distinciones entre sermón textual, temático y expositivo ya no sirven. Esas distinciones se basaban en la cantidad de material bíblico usado y su procedencia, según el mensaje fuera extraído de un solo versículo (textual), de pasajes en diferentes textos bíblicos (temático), o de párrafos secuenciales en un libro específico (expositivo)... Hoy día, en lugar de eso, definimos la predicación verdadera según el tratamiento que damos al material bíblico. El criterio básico es que la predicación sea fiel al significado textual y le siga la

corriente al autor original, llegando así a ser relevante para el oyente contemporáneo".[11]

De igual modo Clyde Fant, ex profesor de homilética en una de las universidades teológicas más prestigiosas de Estados Unidos, después de investigar los trece volúmenes de *Twenty Centuries of Great Preaching* [Veinte siglos de gran predicación], llegó a la siguiente conclusión, en cuanto a la clasificación del sermón:

> "*Es imposible definir los términos textual, temático y expositivo.* No hay ningún modificador que pueda explicar todo lo que Dios hace por medio de la predicación o las maneras que él usa. La única cuestión que importa es, ¿se ciñe el sermón mismo con la verdad de la Palabra de Dios? Cuando lo hace, se tiene la predicación genuina. Todos los modificadores del término se vuelven superfluos. Si se usa la Palabra de Dios para traer luz y cambio a la vida de la gente, entonces la predicación ha ocurrido, no importa cuál método haya sido usado".

Siguiendo esta línea de pensamiento, H. C. Brown clasificó el sermón de acuerdo a cómo reflejaba el contenido y la intención del texto.[12] Según Brown, el sermón es de *autoridad bíblica directa* cuando describe ideas que corresponden exactamente a la enseñanza del texto. El sermón predica lo que enseña la Biblia. En cuanto a la *autoridad bíblica indirecta,* es este tipo de sermón en el que se describen ideas que solo se infieren del texto. El sermón de *autoridad bíblica informal* describe ideas que el texto solo sugiere vagamente. Por último, se encuentra el sermón de *autoridad bíblica corrupta,* el cual describe ideas que tergiversan el significado del texto en algo que este no propone.

Partiendo de la clasificación hecha por Brown, nuestra preocupación principal debe ser que el sermón sea bíblico, lógico y práctico. ¡La etiqueta con que se lo identifique no es la característica más relevante! Lo que importa es que el sermón exprese la verdad bíblica con precisión.

Sin embargo, si hemos de clasificar al sermón, creo que el mismo debe ser categorizado entre *bíblico textual o bíblico temático*. Pero al clasificar el sermón solo entre textual y temático, sé que algunos se preguntarán con asombro: ¿Y qué del sermón expositivo?

Por años, este se ha presentado como el "sermón ideal" y el mismo, como ya lo hemos dicho, ha sido definido como una serie de comentarios sobre un limitado número de versículos. Mas permítanme decirles que el término expositivo ha sido mal usado por muchos maestros de la homilética a través de la historia.

A través de los años se ha usado la frase "sermón expositivo" como una referencia al estilo o forma que debe adoptar la exposición. Pero los recientes estudios de homilética nos muestran que el término expositivo, más que hacer referencia a determinada forma o estilo, debe usarse para hablar del contenido mismo del sermón.

Lo que importa es que el sermón exprese la verdad bíblica con precisión.

Kenton C. Anderson, refiriéndose a este asunto, nos dice que:

"El término expositivo es una calificación usada para describir la predicación que es fiel al mensaje, la idea, el impacto y quizás hasta la forma del texto. En otras palabras, un sermón expositivo no requiere una forma específica; más bien puede adoptar cierto número de formas en relación con el género del texto y las necesidades de los que escuchan. *En resumen, el sermón expositivo es uno en el cual el sermón predica lo que enseña el texto".*[13]

Esta declaración expuesta por Anderson destaca dos cosas importantes que debemos considerar al hablar de "sermón expositivo". Primero, el sermón expositivo no está sujeto a una sola forma específica, sino que el mismo puede adoptar cierto número de formas. En un artículo tomado de *Preaching in the poetic literature*, C. Hassell Bullock nos dice que el sermón expositivo "puede tomar dos formas básicas. Puede exponer el significado de un pasaje de las Escrituras... o exponer el significado teológico de un libro o tópico bíblico".[14] En otras palabras, el sermón expositivo puede ser textual o temático.

Lo segundo que debe destacarse de la declaración de Anderson es que el sermón expositivo es aquel que predica lo que el texto enseña. A raíz de esta declaración podemos decir que el "sermón expositivo" es aquel que despliega con claridad la verdad de Dios, ya sea de un texto o tópico bíblico. A través del sermón textual, el predicador intenta exponer el significado exacto de la verdad bíblica basado en un versículo o en varios, en un capítulo o en todo un libro de la Biblia. Por otro lado, con el sermón temático el predicador busca presentar con claridad lo que Dios dice en relación a un tema, doctrina, personaje, palabra o concepto escritural.

El ideal del predicador debe ser enseñar lo que Dios dice, sea a través de un sermón textual o uno temático.

En resumen, podemos afirmar que la frase "sermón expositivo" puede ser sustituida por una más amplia —"sermón bíblico"—, pues tanto el sermón textual como el temático pueden expresar con fidelidad el significado original del material bíblico, llegando así a ser relevante para el oyente contemporáneo.

El predicador debe preocuparse porque su sermón sea "bíblico". El ideal del predicador debe ser enseñar lo que Dios dice, sea a través de un sermón textual o uno temático. "Los esfuerzos del predicador —escribió Bryan Chapell— deben concentrarse en lograr que a través del sermón las verdades de Dios sean proclamadas de tal manera que la gente pueda ver que los conceptos que se derivan de las Escrituras se aplican a sus vidas".[15]

LA ESTRUCTURA BÁSICA DEL SERMÓN

Otro asunto importante que debemos discutir con respecto al sermón es su estructura básica. Ello juega un papel de suma importancia. La estructura del sermón es lo que le proporciona unidad y coherencia. Teófilo A. Pichardo, hablando de la importancia de la estructura, nos dice que "no existe tal cosa como un sermón sin una estructura".[16]

Tradicionalmente se han presentado seis elementos que componen la estructura básica del sermón. Estos elementos son presentados siguiendo el siguiente patrón.

1. Título
2. Texto
3. Introducción
4. Proposición y frase transicional
5. Cuerpo y divisiones
6. Conclusión

Esta estructura o esquema se ha enseñado en la mayoría de los seminarios o instituciones bíblicas al igual que el "sermón expositivo" como la "estructura ideal". Recuerdo cuando estudiaba en el seminario de teología que el maestro de homilética nos dio como tarea hacer veinte sermones basados en el libro de Jonás. Uno de los requisitos de esos sermones era que debían seguir el patrón estructural antes mencionado. Así que entre mis compañeros y yo hicimos "picadillo" el libro de Jonás (estoy hablando de manera simbólica) a fin de encasillarlo en la estructura o patrón único que el maestro nos había enseñado.

Pero al pasar el tiempo y hacer mis estudios posteriores en predicación, pude descubrir que el patrón estructural que se presenta en la mayoría de los seminarios en sí no es una estructura básica sino más bien un modelo estructural que lleva por nombre: Modelo deductivo.

El modelo deductivo, que ha sido enseñado como estructura básica, tuvo su origen a finales del periodo de la Edad Media y específicamente fue usado por la orden monástica de los franciscanos y dominicos, que usualmente se referían a este modelo como el "sermón universal". Por espacio de ciento cincuenta años los predicadores usaron ese modelo y lo compararon con el tronco de un árbol del que se extendían tres ramas principales. De cada una de las ramas principales surgían tres ramas más pequeñas. La metáfora del árbol sirvió como ilustración para el sermón basado en un tema y dividido en tres puntos.

Otra estructura muy parecida a la utilizada por los predicadores franciscanos y dominicos nos viene de finales del siglo dieciséis y la misma fue usada por los expositores puritanos. Ellos al igual que sus antecesores usaban un modelo deductivo para sus sermones. Los puritanos estructuraban siguiendo tres pasos: Primero comentaban el texto en su contexto original. Segundo, presentaban una tesis o tema extraído del texto en estudio y finalmente aplicaban el tema a sus oyentes.

Aunque esa estructura del "sermón universal" sirvió por años para la organización del mensaje, en la actualidad ha sido considerada por los maestros de homilética contemporánea como "rígida, limitada y muy pobre".[17]

Sé que algunos maestros de homilética de la vieja guardia se sorprenderán con esto, pero el patrón de "sermón universal" ya no puede ser considerado como estructura básica para la exposición sino más bien como un modelo para estructurar el sermón. Otros modelos también pueden ser aplicados con eficacia, como veremos más adelante en esta obra.

En la actualidad, la estructura básica del sermón ha sido reducida a tres elementos: (1) Introducción, (2) desarrollo y (3) conclusión. Estos tres elementos podemos apreciarlo mejor a través del siguiente diarama.

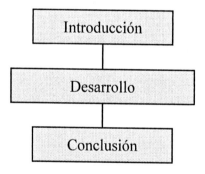

Todo sermón, sea cual fuere el modelo que adopte, debe seguir esta estructura. Haddon W. Robinson, hablando sobre los elementos que componen la estructura básica del sermón, nos dice que "en la introducción expresamos la idea en forma completa; en el desarrollo la separamos y la analizamos; y en la conclusión la volvemos a repetir".[18] Una fórmula sencilla para expresar la idea expuesta por Robinson reza como sigue: "En la introducción, dígales lo que les va a decir; en el desarrollo, dígales lo que les está diciendo; luego, en la conclusión, dígales lo que les ha dicho".

CONCLUSIÓN

Después de analizar de manera breve la definición, clasificación y estructura básica del sermón, estamos preparados para estudiar el proceso de su preparación; no obstante, antes de emprender tal tarea es necesario que entendamos que los grandes sermones no son producto de la casualidad o el azar. La preparación de sermones demanda disciplina, sacrificio y dedicación. Ejemplo de ello lo fue el llamado "Príncipe de los predicadores", Charles Haddon Spurgeon, del que se dice que pasaba dieciocho horas de preparación y estudio por cada hora de predicación que exponía en el púlpito.

La preparación de sermones demanda disciplina, sacrificio y dedicación.

Donald Macleod indica que "el sermón es la actividad más creativa y profética que el predicador desarrolla. Abarca y demanda toda su capacidad como erudito, pastor y discípulo, de modo que el testimonio que obtenga de la congregación sea una respuesta dinámica de fe".[19]

Aunque el consejo de Macleod se dirige específicamente a los pastores, tiene una aplicación directa para todo aquel que desea iniciarse en la ciencia y el arte de la predicación. La preparación de sermones exige toda nuestra capacidad. Si no estamos dispuestos a pagar el precio, creo que este libro o cualquier otro serían de poco valor. Más si está dispuesto a pagar el precio y dedicar toda su capacidad a tal fin, verá el producto terminado, a saber, la predicación de un sermón que traiga luz y esperanza a todos aquellos que lo escuchen.

GUÍA DE ESTUDIO

1. ¿En qué se diferencian las palabras predicación y homilética?
2. ¿Qué es el sermón?
3. Exponga brevemente la clasificación del sermón.
4. ¿Cuál es la estructura básica del sermón?
5. ¿Qué requiere la preparación de un sermón?

Referencias:

1. Lloyd M. Perry, *Predicación bíblica para el mundo actual* (Miami, FL: Editorial Vida, 1986), pp. 12-13.
2. Harold T. Bryson, *Expository Preaching* (Nashville, Tennessee: Broadman & Holman, 1995), p. 7.
3. Tomas Hankins, *Homilética práctica* (El Paso, Texas: Editorial Mundo Hispano, 1968), p. 14.
4. Tomas Benjamin Neely, *Tratado práctico de homilética* (Buenos Aires, Argentina: R&M, 1907), p. 80.
5. E. E. Cairns, *Christianity through the Centuries: A History of the Christian Church* (Grand Rapids, MI: Zondervan, 1981), p. 382.
6. Lloy M. Perry, Predicacion biblica para el mundo actual (Miami, FL: Editorial Vida, 1986), p. 13.
7. Pablo A. Jiménez, *La predicación en el siglo XXI* (Barcelona, España: Editorial CLIE, 2009), p. 105.
8. James Braga, *Cómo preparar mensajes bíblicos* (Grand Rapids, MI: Editorial Portavoz, 1986), p. 60.
9. James Crane, *El sermón eficaz*, (El Paso, TX: Casa Bautista de Publicaciones, 1971), p. 107.

10. Emilson dos Reis, *Cómo preparar y presentar sermones* (Miami, FL: Casa Editor Sudamericana, 2006), p. 52.

11. Donald R. Sunukjian, *Volvamos a la predicación bíblica* (Grand Rapids, MI: Editorial Portavoz, 2010), p. 11.

12. H.C. Brown, *A Quest for Reformation in Preaching* (Nashville, TN: Broadman, 1968), pp. 36-37.

13. Kenton C. Anderson, *Predicar es una decisión* (Miami, FL: Editorial Vida, 2010), p. 35.

14. C. Hassell Bullock, *Preaching in the Poetic Literature, Handbook of Contemporary Preaching*, ed. *Michael Duduit* (Nashville, TN: Broadman, 1992), p. 294.

15. Bryan Chapell, *Christ-Centered Preaching* (Grand Rapids, MI: Baker Book House, 1994), p. 22.

16. Teófilo Pichardo, *Homilética para el siglo XXI* (Santo Domingo, RD: Publicaciones UNAD, 2009), p. 55.

17. Cecilio Arrastia, *Teoría y práctica de la predicación* (Nashville, TN: Editorial Caribe, 1993). p. 48.

18. Haddon W. Robinson, *La predicación bíblica* (Miami, FL: Logoi, Inc, 2000), p. 117.

19. Donald Macleod, *Diccionario de teología práctica: Homilética* (Grand Rapids, MI: Iglesia Cristiana Reformada, 1976), p. 41.

CAPÍTULO 4

DEL TEXTO AL SERMÓN: EL CAMINO DE LA EXPOSICIÓN

Recuerdo haber participado en una conversación con un grupo de pastores en la que discutíamos el tema acerca de si era necesario desarrollar algún método para preparar sermones. La discusión estaba dividida. Algunos defendíamos el hecho de que era necesario desarrollar algún método mientras otros decían que no. Uno de los que estaba en contra dijo: "En mi caso particular, no tengo ningún método para preparar sermones. Solo me levanto, me coloco detrás del púlpito y dejo que el Señor sea el que me guíe". Es interesante, reconózcalo o no, pero sin darse cuenta este pastor expuso su método.

Acéptelo usted o no, créalo o no, la preparación del sermón demanda de un método. Mas es interesante y llama la atención el hecho de que no exista uno exclusivo. Si les echa una ojeada a los diferentes manuales de homilética, tanto antiguos como modernos, descubrirá que existen una variedad de métodos para la preparación de sermones. Este hecho es muy revelador y, a simple vista, nos muestra tres verdades que debemos aprender.

Primero, ningún método por bueno que sea puede calificarse como ortodoxo; el mismo debe ser sensible a ser mejorado. Segundo, la existencia de diversos métodos nos brinda la oportunidad de aprender de cada uno de ellos y escoger el que mejor se adapte a nosotros. En último caso, nos enseña que la predicación efectiva no es producto del azar sino que los buenos expositores desarrollan una metodología para la preparación de sus sermones.

Acéptelo usted o no, créalo o no, la preparación del sermón demanda de un método.

En este capítulo deseo plantar las bases de lo que será la metodología o proceso que usaremos en la preparación de sermones. Sin embargo, antes de continuar es necesario que entendamos que la preparación de un sermón efectivo no es meramente el resultado de seguir una lista de pasos o instrucciones. La preparación del sermón, más que metodología, es un "proceso dinámico que requiere visión, imaginación y sensibilidad espiritual".[1] Alguien dijo que preparar un sermón es una dinámica espiritual. Este hecho debe estar presente en nuestra mente, pues podemos caer en el error de depender de un método más que del Espíritu Santo, que es el que hace eficaz tanto la preparación como la presentación del sermón.

EL CAMINO DE LA EXPOSICIÓN

El proceso que nos guía desde el texto hacia el sermón puede ser ilustrado por un camino que consta a su vez de tres fases: Exégesis, teología y homilética (ver ilustración en la siguiente página).

EL CAMINO DE LA EXPOSICIÓN

Según podemos apreciar en la ilustración, el camino de la exposición no tiene atajos. Todo expositor, sin importar el método que escoja para preparar, tiene que recorrer el camino que empieza en lo exegético, pasa por lo teológico y finalmente llega a lo homilético.

Primera fase: Exégesis

La preparación del sermón comienza con la exégesis. Esta palabra proviene del griego *exegeomai*, que significa explicar, exponer. Gordon Fee y Douglas Stuart definen exégesis como "el estudio cuidadoso y sistemático de las Escrituras para definir el significado original propuesto".[2] En otras palabras, la exégesis trata de comprender lo que la revelación de Dios significó para los hombres y mujeres a quienes les fue dada originalmente.

La exégesis trata de comprender lo que la revelación de Dios significó para los hombres y mujeres a quienes les fue dada originalmente.

En la fase exegética, el predicador se concentra en el mundo bíblico. En esta etapa la prioridad del predicador es responder la pregunta: ¿Qué significó el texto para los receptores bíblicos?

59

Responder esta pregunta demanda del predicador tiempo y dedicación. No obstante algunos predicadores consciente o inconscientemente prestan poca atención o no le ven la importancia que tiene la fase exegética en la preparación del sermón. Me contaba un amigo que enseña homilética a nivel de posgrado que, en cierta ocasión, mientras enseñaba a un grupo de pastores candidatos al doctorado en ministerio, acerca de la importancia de la exégesis en la predicación, uno de ellos se levantó y dijo con cierto aire de indignación: "No creo que sea tan importante la exégesis para la predicación. Personalmente leo el pasaje y sin profundizar en el texto extraigo de allí lo que mi congregación necesita". Al escuchar eso, mi amigo quedó sorprendido y creo que con justa razón.

Restarle importancia a la exégesis, tal como lo hizo ese estudiante, lleva al predicador a cometer errores que a la postre lamentarán tanto él como sus oyentes. Es un hecho, pero cuando el predicador rehúye transitar el camino de la exégesis, indefectiblemente cae en el de la *eisegesis,* lo cual significa: leer en el texto lo que el predicador quiere que este diga y no lo que en realidad el texto dice.

Si hemos de predicar, debemos encarar dicha tarea con responsabilidad. Descubrir lo que Dios quería enseñar a los receptores bíblicos a través del autor original, requerirá del predicador una exégesis adecuada del texto bíblico. Sin embargo, aunque un estudio a fondo de la exégesis bíblica y de las reglas que ella demanda está más allá del alcance de este libro, podemos decir brevemente que hay que tener en cuenta que la exégesis adecuada incluye una lectura cuidadosa y crítica del texto bíblico en el idioma nativo del predicador. También se debe incluir un examen del contexto literario, bíblico e histórico del texto en cuestión. Este examen permitirá que el predicador determine lo que Dios quería enseñar a los primeros lectores a través del autor original, lo que llevará al predicador más allá de los detalles superficiales del texto, librándolo así de dar saltos hacia interpretaciones superficiales. Una vez terminada la fase exegética, conviene sintetizar en una o dos frases el significado que tuvo el pasaje para los receptores bíblicos. Esa síntesis es el producto exegético y debe ser expresada de manera sencilla; la misma debe incluir información del texto bíblico y utilizar verbos en pasado. Por ejemplo:

- En Josué capítulo 1, Dios animó a Josué con _____
- En Efesios 6, Pablo exhortó a los efesios a _____
- En Mateo 28, Jesús comisionó a los discípulos a _____

Cuando el predicador concluye la fase exegética habrá amasado una inmensa cantidad de información, en su mayoría técnica, que le permitirá tener una comprensión clara y confiable del significado del texto. Terminada esta fase estará listo para seguir el camino de la exposición.

Segunda fase: Teología

La fase teológica puede que sea la más desafiante para el predicador. Mientras que en la etapa exegética la atención del predicador se concentró en responder la pregunta: ¿Qué significó el texto para los receptores originales?, en la segunda fase, o sea la teológica, la pregunta que el predicador debe responder es: ¿Cuál es el principio teológico que subyace en el texto?

Esta es una cuestión de suma importancia en el camino de la exposición y, para responderla de manera satisfactoria, el predicador debe recordar en primer lugar las diferencias que separan al mundo bíblico del contemporáneo. Esas diferencias, como el lector sabe, tienen que ver con culturas, costumbres, idiomas, circunstancias y una enorme extensión de tiempo. Lo segundo que el predicador debe recordar son las similitudes que existen entre los receptores bíblicos y nosotros.

Del texto al Sermón: el camino de la exposición

Después de tener claras las diferencias y similitudes existentes, el predicador tratará de demostrar qué principio o enseñanza teológica subyace en el texto. El expositor debe entender el hecho de que el texto que ha sometido al proceso exegético no solo es la Palabra de Dios para Abraham, David, Pablo o el pueblo hebreo, también lo es para el mundo actual. Scott Duvall y Daniel Hays explican que:

> "Dios habla de manera específica a cada uno de los receptores bíblicos y, mediante estos mismo textos, está al mismo tiempo ofreciendo enseñanzas teológicas universales a su propio pueblo en todos los tiempos".[3]

Aunque estamos separados de los receptores bíblicos originales por diferencias muy marcadas, las enseñanzas y principios teológicos que se desprenden de la Biblia son de carácter universal y pueden ser aplicados a cualquier público, sin importar lugar o tiempo. Por ejemplo, imaginemos que escogemos el capítulo 12 de Génesis, específicamente los versículos uno hasta el ocho, que hablan del llamamiento de Dios a Abraham. Después de hacer la exégesis y plantear las diferencias y similitudes existentes entre Abraham y nosotros, preguntamos: ¿Qué principio subyace en el texto que se aplica universalmente, tanto a Abraham como a nosotros? ¿Qué estímulo se aplica universalmente? Notaremos que el principio teológico que subyace en el texto es la obediencia al llamado de Dios a través de la fe.

El expositor debe entender el hecho de que el texto que ha sometido al proceso exegético no solo es la Palabra de Dios para Abraham, David, Pablo o el pueblo hebreo, también lo es para el mundo actual.

Este principio se aplica tanto a Abraham como a todos los lectores de la Biblia universalmente, no importando si vivieron en el siglo dieciocho o si viven en este, el veintiuno. Eso es así porque los principios de Dios son eternos y se aplican tanto a los receptores bíblicos originales como al resto de los lectores de la Biblia a través de la historia.

Sin embargo, es importante decir —antes de continuar— que para que el predicador pueda formular con exactitud la enseñanza o principio teológico que subyace en el texto o pasaje bíblico, debe tomar en cuenta los siguientes criterios.[4]

- El principio debe estar reflejado en el texto.

- Ha de ser un principio atemporal y no vincularse a una situación específica.

- No puede ser un principio supeditado a consideraciones culturales.

- El principio en cuestión ha de armonizar con la enseñanza del resto de las Escrituras.

- Dicho principio debe ser pertinente tanto a los receptores bíblicos como a los contemporáneos.

La fase teológica debe terminar con una propuesta o principio teológico. Este debe ser expresado en una declaración atemporal que trasmita las verdades eternas que están siendo reveladas por medio del material bíblico. Esta propuesta debe ser escrita en una o dos frases y, a diferencia de la propuesta exegética, debe ser escrita utilizando verbos en tiempo presente.

Tercera fase: Homilética

El camino de la exposición termina en la fase homilética. Hasta aquí el predicador ha respondido dos preguntas: ¿Qué significó el texto para los receptores bíblicos? y ¿cuál es el principio teológico que subyace en el texto? En la fase homilética la pregunta a responder es: ¿Cómo deberían aplicar —los oyentes de nuestros días— el principio teológico a sus vidas?

La fase homilética es denomina por algunos estudiosos como "la verdad bíblica aplicada".[5] En esta tercera fase, el predicador tratará de aplicar el principio teológico a la situación específica de los oyentes individuales en la iglesia de hoy. El principio teológico no puede quedar abstracto. El texto que ha sido sometido a la exégesis y que ha provisto el principio o enseñanza universal, debe ser aplicado en el contexto particular al cual el expositor se dirige. Para aclarar este punto permítanme citar nuevamente a Scott Duvall y Daniel Hays:

> "Aunque, por regla general, de cada pasaje solo surgirán algunos principios teológicos relevantes para todos los cristianos de nuestros días (a menudo solo habrá uno), *existirán sin embargo numerosas posibilidades de aplicación. Esto se debe a que los cristianos de hoy se encuentran en muchas situaciones específicas distintas*".[6]

El texto que ha sido sometido a la exégesis y que ha provisto el principio o enseñanza universal, debe ser aplicado en el contexto particular al cual el expositor se dirige.

Notemos al leer que la declaración siguiente es clara al decirnos que los principios o enseñanzas teológicas que surgen del texto son relevantes para *"todos los cristianos"*, mas la manera como aplicamos este principio varía debido a que *"los cristianos de hoy se encuentran en muchas situaciones específicas distintas"*. Antes de saber esto predicaba un sermón de la misma manera y con las mismas aplicaciones sin importar el público al cual me estaba dirigiendo. Mas después de entender y aplicar a mi predicación las tres fases de la exposición, he entendido que el significado original y el principio teológico del texto no varían ni cambian a pesar del tiempo, pero que la aplicación de los mismos puede alterarse de acuerdo al lugar y las circunstancias en que se encuentren los oyentes.

Algo distinto ocurre al predicar Juan 3:16 a un grupo de estudiantes de secundaria, cuyos problemas tal vez sean reprobar un examen o no ser aceptados en el grupo, que exponerlo ante una iglesia compuesta de personas de mediana y tercera edad cuyos problemas son más complejos. El principio teológico de Juan 3:16 será el mismo para los estudiantes de secundaria como para los miembros de la iglesia de mediana y tercera edad aunque la aplicación será distinta, de acuerdo a las circunstancias de ambos. "Los predicadores —declara Bryan Chapell— deben determinar las verdades bíblicas propuestas para las personas a las que se dirige el texto y, entonces, identificar las semejanzas en nuestra situación presente que requieran la aplicación de precisamente las mismas verdades".[7]

Hasta aquí hemos notado las tres fases del camino de la exposición y las preguntas que en cada una de ellas el predicador debe responder. Ahora, permítanme presentar un breve ejemplo para ilustrar cómo se verían en la práctica las tres fases que analizamos.

Exégesis	Teología	Homilética
¿Qué significó el texto para los receptores bíblicos?	¿Cuál es el principio teológico que subyace en el texto?	¿Cómo deberían aplicar los oyentes de nuestros días el principio teológico a sus vidas?
Mundo bíblico	Mundo contemporáneo	Mundo de los oyentes.
Explicar	Interpretar	Aplicar.
Lenguaje técnico	Lenguaje no técnico	Lenguaje de aplicación

EJEMPLO: JOSUÉ 1:6-9

Hace unos años decidí predicar una serie de sermones textuales basados en el libro de Josué. Había sido trasladado a una nueva iglesia y justo a mi llegada el pastor saliente estaba en proceso de jubilación. La iglesia, que ya tenía muchos años siendo dirigida por ese hombre de Dios, se encontraba a la expectativa en cuanto al nuevo ministro. Por otro lado, mi llegada también coincidió con el nombramiento de nuevos líderes. Así que tanto el pastor como los nuevos líderes estaban enfrentando retos novedosos. Viendo la situación, después de orar tuve a bien, como ya dije, predicar una serie de sermones basados en el libro de Josué.

El pasaje que usamos en la preparación del primer sermón fue Josué 1:6-9:

"Esfuérzate y sé valiente; porque tú repartirás a este pueblo por heredad la tierra de la cual juré a sus padres que la daría a ellos. Solamente esfuérzate y sé muy valiente, para cuidar de hacer conforme a toda la ley que mi siervo Moisés te mandó; no te apartes de ella ni a diestra ni a siniestra, para que seas prosperado en todas las cosas que emprendas. Nunca se apartará de tu boca este libro de la ley, sino que de día y de noche meditarás en él, para que guardes y hagas conforme a todo lo que en él está escrito; porque entonces harás prosperar tu camino, y todo te saldrá bien. Mira que te mando que te esfuerces y seas valiente; no temas ni desmayes, porque Jehová tu Dios estará contigo en dondequiera que vayas".

Notemos cómo se aplican las tres fases de la exposición a este pasaje en particular.

1. Primera fase: Exégesis. ¿Qué significó el texto para los receptores bíblicos?

El Señor le ordenó a Josué, el nuevo dirigente de Israel, que sacara fuerzas y valentía ante el temor de las promesas hechas a Abraham, Isaac y Jacob (v. 6), acerca de la meditación continua en el libro de la ley (v. 8) y de la presencia capacitadora de Dios (v. 9).

2. Segunda fase: Teología: ¿Cuál es el principio teológico que subyace en el texto?

Para ser eficaces en nuestro servicio a Dios y anteponernos a cualquier temor, hemos de creer en las promesas divinas. También hemos de meditar y obedecer la Palabra de Dios, fortalecernos y cobrar valor en su presencia.

3. Tercera fase: Homilética: ¿Cómo deberían aplicar —los oyentes de nuestros días— el principio teológico a sus vidas?

Existen muchas aplicaciones posibles. A continuación, presentaré las que expuse en la situación particular cuando prediqué este mensaje: "Al aceptar una nueva posición de liderazgo se nos presentan retos que tienden a atemorizarnos, mas si creemos en las promesas divinas, meditamos en la Palabra de Dios, dependemos de ella y nos fortalecemos en su presencia, tenemos el éxito asegurado".

CONCLUSIÓN

El corolario de lo hasta aquí expuesto, como dije al principio de este capítulo, es que no importa el método que usted escoja para preparar su sermón, tiene que recorrer el camino que empieza en lo exegético, pasa por lo teológico y finalmente llega a lo homilético.

Del texto al Sermón: el camino de la exposición

Cuando el predicador recorre ese camino y da respuesta a cada una de las preguntas expuestas en cada fase del mismo —entonces y solo entonces—, estará listo para iniciar paso a paso la preparación del sermón.

GUÍA DE ESTUDIO

1. De acuerdo a lo estudiado en el inicio de este capítulo, ¿Qué piensa usted, como expositor, acerca de implementar un método en la predicación?
2. Según lo expuesto en este capítulo, ¿en qué consiste el camino de la exposición?
3. Explique brevemente la fase exegética.
4. Diga en qué consiste la fase teológica.
5. Exponga un resumen de la fase homilética.

Referencias:

1. Haddon Robinson, *La predicación bíblica* (Miami, FL: Logoi, Inc, 2000),p. 53.
2. Gordon Fee y Douglas Stuart, *La lectura eficaz de la Biblia* (Miami, FL: Editorial Vida, 1985), p. 17.
3. J. Scott Duvall y J. Daniel Hays, *Hermenéutica: Entendiendo la Palabra de Dios* (Barcelona, España: Editorial CLIE, 2008), p. 40.
4. J. Scott Duvall y J. Daniel Hays, p. 40.
5. Keith Willhite, *Predicando con relevancia* (Grand Rapids, MI: Editorial Portavoz, 2009), p. 64.
6. J. Scott Duvall y J. Daniel Hays, p. 41.
7. Bryan Chapell, *Christ-Centered Preaching* (Grand Rapids, MI: Baker Book House, 1994), p. 71.

CAPÍTULO 5

LA PREPARACIÓN DEL SERMÓN

Preparar un sermón no es tarea fácil, así lo reconoció Martyn Lloyd-Jones, el gran predicador inglés de mediados del siglo veinte cuando expresó que:

"La preparación de sermones implica sudor y trabajo. A veces puede ser extremadamente difícil hacer que todo este material que has encontrado en las Escrituras tenga una forma concreta. Es como un alfarero que hace una figura de barro o como un herrero que hace herradura para un caballo; has de poner el material en el fuego y sobre el yunque, calentarlo de nuevo y golpearlo una y otra vez con el martillo. Cada vez va un poquito mejor, pero no del todo; así que vuelves a repetir el proceso hasta que estás satisfecho o ya no puedes hacerlo mejor. Esta es la parte más penosa en la preparación de un sermón; pero al mismo tiempo es una ocupación de lo más fascinante y de lo más gloriosa".[1]

En este capítulo deseo abordar el tema de la preparación del sermón sabiendo que la misma, como leímos en la declaración anterior, demanda sudor y labor. Pero antes de comenzar permítame decirle que no pretendo hacer un estudio exhaustivo y detallado de cada uno de los pasos que implica preparar un sermón, ya que existen excelentes libros que tratan acerca de ello; más bien deseo presentar una guía sencilla que sirva como una especie de mapa que nos indique —más que explicar— los pasos que debe seguir la preparación del sermón. Por lo tanto, espero que al estudiar este capítulo, lo use como en realidad es: Una guía que le mostrará los pasos a seguir en la preparación del sermón.

PRIMERO LO PRIMERO:
COMIENCE CON UN ENFOQUE CORRECTO

Antes de empezar la preparación del sermón es necesario que entendamos que la predicación efectiva comienza con la preparación espiritual correcta. El predicador no puede interpretar correctamente un texto o exponer apasionadamente la verdad sin antes preparar su propio corazón. Jerry Vines nos dice que: "La preparación es un elemento importante en la buena predicación. El predicador no solo debe pasar tiempo preparando el mensaje, sino que él también debe prepararse".[2]

El trabajo más difícil que demanda la predicación no es la elaboración del sermón, sino la preparación espiritual del predicador. Con esto presente analizaremos de manera breve cuatro elementos cruciales que juegan un papel importante en la preparación espiritual del predicador.

Primer elemento: La oración

El predicador debe impregnar, de principio a fin, todo el proceso preparatorio del sermón con oración. La oración no es una opción. E. M. Bounds escribió que: "Los predicadores que son grandes pensadores y grandes estudiantes deberían, sobre todo, ser los más grandes hombres de oración, de lo contrario serán los más grandes apóstatas, profesionales sin corazón, racionalistas, menor que el ultimo de los predicadores en la estima de Dios".[3] John Piper, escribiendo sobre la importancia de la oración, enfatiza el hecho de que como predicadores "somos llamados al ministerio de la Palabra y la oración, porque sin oración, el Dios de nuestro estudio será el dios que no provoca temor ni inspiración, el de los insípidos juegos académicos humanos".[4]

> **Entendamos que la predicación efectiva comienza con la preparación espiritual correcta. El predicador no puede interpretar correctamente un texto o exponer apasionadamente la verdad sin antes preparar su propio corazón.**

Segundo elemento: La pureza

Además de la oración, el predicador debe caracterizarse por una vida pura. Como habíamos dicho anteriormente, la pureza y la santidad son dos cualidades indispensables para el hombre de Dios. Un predicador no santificado es inútil para Dios y un peligro para sí mismo así como también para las demás personas. Richard Baxter escribió que "es algo espantoso ser un profesante no santificado, pero bastante más lo es ser un predicador no santificado".[5]

Tercer elemento: La disciplina

Un estudio de la vida de los grandes predicadores nos revela que todos ellos eran hombres disciplinados. Se dice que Alexander Maclaren dedicaba por lo menos 60 horas de duro trabajo a la preparación de cada sermón.[6] Con razón Sir W. Rober Nicoll, dijo: "Es difícil creer que las exposiciones de la Biblia del Dr. Maclaren sean superadas alguna vez".[7]

Otro ejemplo de disciplina nos viene en la persona de Jonathan Edwards, famoso predicador del siglo dieciocho de quien se dice que: "Mantuvo un régimen extremadamente riguroso de estudio... Por eso se levantaba entre cuatro y cinco de la mañana para entrar en su estudio".[8]

El ejemplo de estos hombres nos enseña que como predicadores debemos disciplinarnos para estudiar con constancia. Si hemos de ser predicadores relevantes, debemos ser estudiosos constantes. Por lo tanto, es menester que planifiquemos un programa de estudio personal. Debemos leer, leer y leer. Recuerde que "cuando usted deja de leer, también deja de crecer; y cuando deja de crecer, comienza a morir. El proceso puede ser lento y sin dolor, pero el camino que emprenden los que no leen solo lleva hacia el sepulcro".[9]

Si hemos de ser predicadores relevantes, debemos ser estudiosos constantes.

Cuarto elemento: La perspectiva

Por último, el predicador debe tener una perspectiva correcta de lo que él es. Debe recordarse a sí mismo cada día que no es nada apartado de la gracia de Dios. También debe entender que debe abordar la Palabra de Dios con reverencia, humildad y temor. Cada vez que abra las Escrituras debe estar agudamente consciente de que está abriendo la Palabra del Dios vivo. Teniendo una perspectiva correcta, el predicador se da cuenta de que él es insignificante, pero que el Dios a quien le sirve lo es todo.

Teniendo el enfoque correcto y la debida preparación espiritual, el expositor estará listo para iniciar los pasos que lo llevarán a la preparación efectiva del sermón y a la fiel exposición de la Palabra de Dios.

EN SUS MARCAS, LISTOS, ¡FUERA!

En el capítulo anterior, comparamos la preparación del sermón con un camino que consta de tres fases. Dijimos que todo expositor, pese al método que escoja para preparar su sermón, tiene que recorrer el camino que empieza en lo exegético, pasa por lo teológico y finalmente llega a lo homilético. Sin embargo, como es sabido, todo camino debe ser recorrido paso a paso. Alguien dijo que una carrera de mil kilómetros empieza con un paso. Esto es una realidad aun en cuanto a la preparación del sermón. Preparar un sermón que impacte y que comunique con eficacia la verdad de Dios demanda la implementación de una serie de pasos que deben darse uno por uno. Como ya lo manifesté, el camino de la exposición no tiene atajos. Si deseamos predicar un sermón que cumpla el propósito de Dios debemos, con paciencia y perseverancia, recorrer el camino de la exposición un paso tras otro.

PASO UNO: SELECCIONE EL TEXTO

Al hablar de texto nos referimos a "aquella porción o pasaje de las Escrituras, sea breve o larga, en el cual ha de estar basado el sermón".[10] El texto es la base bíblica del sermón, el material indispensable de la predicación; no puede armarse un sermón que será predicado si no es sobre la base del texto bíblico. Mas debemos tener bien claro que el texto jamás debe usarse como "una base de lanzamiento", y luego abandonarlo durante todo el mensaje. Tampoco el texto debe emplearse como mero pretexto, como si fuera un "motor de arranque" apareciendo solo al comienzo del sermón para luego perder completamente su función. El texto debe ser el amo del sermón, no lo contrario. Todas las ideas del sermón deben girar alrededor del texto, a fin de que el mensaje dé en el blanco, como una flecha directa y veloz.

Por otra parte, si el predicador decide hacer una exposición temática, es necesario que se escoja un tema o un problema, y luego buscar en los libros de la Biblia el o los pasajes relacionados con el asunto del cual se desea predicar. Sé que algunos no están de acuerdo con este procedimiento, pensando que si escogen un tema antes de ir a la Biblia no serán fieles expositores del mensaje divino. Pero, como dijera Floyd Bresee, "no es nada erróneo elegir un tema antes de ir a la Biblia. Lo erróneo es decidir lo que dirá acerca de ese tema antes de ir a la Biblia".[11]

Ahora bien, ¿Cómo encontrar un texto o tema para el mensaje? Elegir su texto o tema puede ser una de las tareas más frustrantes y consumidoras de tiempo en la preparación del sermón. A continuación permítame presentar de manera resumida algunas prácticas que nos pueden ayudar en esa selección.

1. *La lectura y estudio personal de la Biblia.* Muchos predicadores descubren su texto o tema en su lectura devocional de la Biblia o en su estudio personal. Mientras leen las Escrituras, ciertos pasajes hablan a su corazón y causan un impacto espiritual tan profundo en su vida que parecería como que el texto dijera: "Predícame". En este caso no es el predicador que escoge el texto, más bien el texto lo escoge a él.

2. *Las necesidades de la congregación.* Algunos predicadores simplemente observan y evalúan su congregación y determinan qué textos o temas necesitan ellos escuchar predicar. El predicador busca el pasaje bíblico y lo direcciona a las necesidades de las personas. Este método depende de pasar tiempo con las personas y entender sus necesidades. Indudablemente a través de este método la congregación es beneficiada ya que el sermón se dirige a las áreas de más necesidad.

3. *La planificación en serie de un libro o tema.* Algunos predicadores usan el método de la predicación en serie. Eligen un libro o tema de las Escrituras y continúan semana tras semana predicando sistemáticamente acerca de ese libro o del tema que han escogido. Este método tiene una gran ventaja y es que permite ahorrar mucho tiempo en cuando a la selección del texto, ya que el predicador solo sigue el orden que le provee el libro o tema bíblico.

4. *El calendario de la iglesia o los eventos.* Con frecuencia a través del año nos encontramos con fechas que ameritan la predicación de ciertos textos o temas. Fechas significativas como la Navidad, la Semana Santa, el día de las madres, el día del padre entre otras celebraciones especiales proveen oportunidades que nos ayudan en la selección del texto o tema para la predicación. Este método tiene su ventaja ya que ayuda al predicador a apasionarse en el sermón debido a la fecha o evento que se celebra. La debilidad que genera es que los sermones tienden a ser repetitivos.

Un elemento importante que debemos tratar antes de finalizar esta sección es que a la hora de escoger un texto para predicar, el mismo debe tener propósito, es decir, que debe contener una idea completa. Kenton Anderson declara que: "Al escoger el pasaje específico para el sermón, el predicador tiene que ser cuidadoso seleccionando una idea o pensamiento completo en el texto. Los sermones que se construyen de fragmentos textuales ofrecerán verdades fragmentarias".[12] Este es un punto muy importante a seguir, ya que como dijera H. C. Brown: "separar una palabra, una frase, o una cláusula de su contexto, como base de un sermón, es un procedimiento dudoso".[13]

PASO DOS: SOMETA EL TEXTO A UN ANÁLISIS EXEGÉTICO

El estudio exegético del texto es el paso más decisivo en la preparación del sermón. Y es posible que sea el que más tiempo demande al predicador. El estudio del texto es una responsabilidad que el predicador debe encarar con seriedad si espera predicar un sermón que comunique con efectividad la verdad de Dios. Mas nos preguntamos: ¿Cómo estudiar de manera satisfactoria un pasaje bíblico? ¿Cómo podemos extraer lo máximo del texto bíblico escogido como base para el sermón? Gordon D. Fee y Douglas Stuart en su libro titulado *La lectura eficaz de la Biblia* nos dicen que "La clave para la buena exégesis, y por lo tanto, para la lectura más inteligente de la Biblia, es aprender a leer el texto bíblico con cuidado y hacer las preguntas apropiadas acerca del texto".[14]

El estudio exegético del texto es el paso más decisivo en la preparación del sermón.

Según los estudiosos de la Biblia existen tres importantes preguntas que deben formularse a fin de hacerle una exégesis satisfactoria al texto:

1. ¿Qué está diciendo el autor bíblico?
2. ¿Por qué el autor bíblico está diciendo eso?
3. ¿Cómo lo dice el autor bíblico?

Con estas tres preguntas en mente, el expositor está preparado para realizar las etapas del análisis exegético.[15]

Etapa 1: Busque la dirección del Espíritu Santo. Esto es importante destacarlo, pues únicamente el Espíritu Santo que inspiró las Escrituras puede interpretarlas para los corazones humanos. A. F. Vaucher nos dice que: "Lo que ha sido revelado por el Espíritu, no puede ser comprendido más que por el Espíritu".[16]

Etapa 2: Obtenga una visión general del pasaje. Lea su pasaje de manera lenta, cuidadosa y reflexiva. J. E. Massey declara que: "El texto debería ser estudiado con cuidado, leyendo y releyendo su contexto, a fin de que su tema central se sienta y se entienda profundamente".[17] Por otra parte, para tener una visión amplia del pasaje es necesario leerlo en diferentes versiones de la Biblia, escogiendo así la que sea más adecuada para la idea que se desea presentar. Al consultar un texto en varias versiones, el expositor verá que una de ellas usa ciertas palabras, mientras que en otra el mismo texto se expresa de otra forma. Cuando el predicador estudia varias versiones, tendrá una comprensión más amplia del texto que ha elegido para predicar.

Etapa 3: Determine el género literario del pasaje bíblico. Al escoger el texto es crucial que el expositor entienda el tipo de literatura bíblica que se ha de examinar, ya que varias formas literarias tienen funciones diferentes, por lo que se emplean ciertas reglas comunes en cada una de ellas. Las posibles opciones que el expositor encontrará son: narrativa, poética, sabiduría, ley, profecía, evangelio, parábola, epístola y apocalíptica.

Etapa 4: Analice el pasaje en sus diferentes contextos. Es sabido por todos nosotros que "un *texto*, fuera de su *contexto* se constituye en un *pretexto*". En otras palabras, si hemos de tener un estudio serio del pasaje bíblico debemos considerar el contexto en el cual el pasaje fue escrito.

Todo pasaje bíblico debe ser estudiado en el marco de su contexto literario, gramatical, histórico y teológico.

1. Análisis del contexto literario. Esto significa que hay que leer con mucha atención lo que está antes y después del versículo para ubicarlo en el marco del capítulo donde aparece, y luego en el marco del libro de la Biblia donde está insertado. Con esto, el expositor evitará extraer una conclusión ajena a la idea general del autor bíblico.

2. Análisis del contexto gramatical.[18] Nosotros hablamos español, pero la Biblia se escribió en hebreo y griego, y algunas partes en arameo, que es similar al hebreo. Analizar las palabras en el idioma original en el que el autor bíblico escribió originalmente ayudará de modo sustancial al expositor. Por ejemplo, en 1 Corintios 4:1 el apóstol dice: "Téngannos los hombres por ministros de Cristo" (Reina-Valera antigua). Cuando pensamos en la palabra *ministro*, evocamos la figura de un primer ministro o la estructura del ministerio de defensa. La palabra ministro en español denota una posición elevada, un puesto digno. La palabra griega que se usa en el pasaje es *huperetes*, que significa esclavo de una galera de tercer nivel en un barco. Pablo dijo que cuando se hiciera constar lo que él hacía por Jesucristo, debía decirse que era más que un esclavo de una galera de tercer nivel. Eso no se podría deducir nunca a partir del término en español usado en la versión Reina-Valera Antigua.[19]

3. Análisis del contexto histórico. El contexto histórico-cultural da respuesta a preguntas como las siguientes: ¿Cuándo se escribió el libro bíblico? ¿Quién fue el autor humano? ¿A quién se dirigió el libro en un primer momento? ¿Cuál era el objetivo del autor? ¿En qué momento y ubicación geográfica tuvieron lugar los acontecimientos descritos en este libro? ¿Cuál era la situación política, económica y social de esa época? ¿Qué costumbres imperaban? ¿Cómo vivía la gente, cómo trabajaba y cómo se sustentaba? Conocer las circunstancias histórico-culturales es de utilidad al expositor a fin de obtener una comprensión del texto que va a explorar.[20]

4. Análisis del contexto teológico. En este análisis el expositor debe estudiar el pasaje en el contexto global de la Biblia. Desde el punto de vista humano, la Biblia es un simposio con una gran variedad de participantes que escribieron en un contexto particular. Mas desde el punto de vista divino, toda la Biblia proviene de una sola mente. Es la Palabra de Dios que expresa la mente de Dios, por lo que posee una unidad orgánica. Por tal razón es importante que aprendamos a leer la Biblia como un todo y a leer cada texto a la luz de la totalidad.

Etapa 5: Consulte buenos comentarios. Después de estudiar el pasaje en sus diferentes contextos el expositor estará listo para consultar otros comentarios bíblicos que le ayuden a ampliar su visión del pasaje. En cuanto al uso de estos recursos, recomendamos la consulta de, por lo menos, tres comentarios sobre el pasaje bíblico que se está estudiando. El primer tipo de comentario a consultar podría llamarse *exegético o crítico* ya que son los más detallados y eruditos. Se centran en palabras, frases y asuntos detallados de gramática y sintaxis. También presentan discusiones extensas sobre cultura y trasfondo histórico. El segundo tipo de comentario a consultar es el *expositivo o sintético,* cuya meta es presentar el flujo de ideas del escritor bíblico con cierta atención a palabras y frases individuales. La tercera categoría es la que corresponde al comentario *homilético*, que casi siempre contiene una serie de sermones que fueron predicados a una congregación local y luego fueron compilados e impresos para alcanzar a un público mayor. El valor de este tipo de comentarios es que pueden inspirar aplicaciones, títulos, frases y giros especiales, o hasta un enfoque creativo del mensaje.

PASO TRES: DESCUBRA LA "GRAN IDEA"

La "gran idea" es "la proposición central del sermón; es el sermón encapsulado, lo que Dios quiere decir a través de este texto, en este momento, para estas personas".[21] Haddon Robinson, hablando sobre la importancia que tiene la idea predominante en el sermón, declara que: "Los estudiosos de la oratoria y la predicación afirmaron durante siglos que la comunicación eficaz requiere un tema único o predominante. Los retóricos se aferran a esto con tal firmeza que virtualmente cada libro de texto dedica algún espacio al tratamiento de este principio. La terminología puede variar: idea central, tema, proposición, tesis, pensamiento principal; pero el planteamiento es el mismo: El discurso eficaz 'se centra en algo específico, una idea central'".

La "gran idea" es la declaración o frase orientadora alrededor de la cual el sermón se esboza y desarrolla; la misma debe reflejar la idea central del texto y, por consiguiente, convertirse en el tema principal del mensaje. J. H. Jowett afirma que: "ningún sermón está listo para ser predicado, ni siquiera para ser escrito, hasta que no pueda expresar su tema en una frase corta, elocuente y tan clara como el cristal".[22]

Ahora bien, ¿cómo descubrir la "gran idea"? Para ello es necesario, en primer lugar, que el expositor identifique la idea central del texto que ha escogido para predicar. La misma es denominada por algunos como "idea exegética",[23] "la esencia del texto",[24] o "proposición central del texto"[25]; también es definida como "una frase breve, de dieciséis a dieciocho palabras como máximo, capaz de traducir el mensaje como expresión exacta de lo que el texto original encierra".[26]

La idea central del texto está compuesta por dos elementos: Tema y complemento. El tema responde a la pregunta: ¿De qué está hablando? Y el complemento a esta: ¿Qué se está diciendo al respecto?

1. ¿De qué habla el texto? (Tema delimitado.)
2. ¿Qué dice el texto sobre el tema? (Complemento.)

Para ilustrar lo antes presentado tomemos como ejemplo el siguiente pasaje y notemos la idea central que subyace en este pasaje.

"Dios nos escogió en él antes de la creación del mundo, para que seamos santos y sin mancha delante de él. En amor" (Efesios 1:4, NVI).

La "gran idea" es la declaración o frase orientadora alrededor de la cual el sermón se esboza y desarrolla.

¿De qué habla el texto? Una respuesta inicial a este pasaje podría ser que Pablo está hablando acerca de la *elección*. Aunque esta emerge como un elemento principal en el pasaje, constituye un tema demasiado amplio, ya que en Efesios 1:4 Pablo no considera todos los aspecto en cuanto a la elección divina.

No obstante, si deseamos extraer la verdad central del texto es necesario que sometamos el mismo a una de estas preguntas: ¿Quién? ¿Qué? ¿Por qué? ¿Para qué? ¿Cuándo? ¿Cómo? ¿Dónde?

Si vemos el pasaje más de cerca, notaremos en la segunda parte del mismo que el apóstol contesta la pregunta *¿para qué?* Por lo tanto, un tema más específico para Efesios 1:4 sería: ¿Para qué fueron escogidos los efesios? Ahora corresponde formularnos la segunda pregunta: ¿Qué dice el texto sobre el tema? La parte final del versículo nos da la respuesta: *Para ser santos y sin mancha delante de Dios.*

Ahora, integremos el tema y el complemento para formar la idea central del texto: *"Los creyentes en Éfeso fueron escogidos para ser santos y sin mancha delante de Dios".*

Tema + <u>Complemento</u> = **Idea central del texto**

Idea central del texto	La "gran idea"
Propósito: resumir el pasaje en una sentencia simple.	Propósito: comunicar el mensaje del pasaje bíblico de tal manera que se relacione en forma significativa con la congregación.
Se escucha como un comentario.	Se escucha como un proverbio.
Debe ser expresada en unas quince a dieciocho palabras en tiempo pasado.	Debe ser expresada en una simple oración de no más de diez a doce palabras en tiempo presente.
Ejemplo *Pablo les escribió a los creyentes de Éfeso diciéndoles que fueron escogidos para ser santos y sin mancha delante de Dios.*	Ejemplo *Fuiste escogido con un propósito: ser santo y sin mancha delante de Dios.*

Una vez que la idea central del texto ha sido determinada, el expositor está listo para desarrollar la "gran idea". Habiendo averiguado el pensamiento clave del argumento del autor bíblico, el expositor ahora compone una frase integral que refleje el tema o la idea principal del texto como el expositor tiene la intención de darlo. La "gran idea" es la contextualización del mensaje del texto bíblico de tal manera que sea relevante para el oyente contemporáneo. La "gran idea" es ligeramente diferente a la idea central del texto porque tiene en mente no tan solo la audiencia original a la cual el escritor bíblico se dirigió sino también a la audiencia del predicador.

PASO CUATRO: BOSQUEJE EL FLUJO DEL MENSAJE

Después de determinar la "gran idea", el expositor debe construir un bosquejo que apoye esa proposición. El bosquejo —tal como escribiera Juan Medina— "será la guía que conducirá al predicador desde el principio al final del mensaje que desea comunicar".[27]

Teófilo Pichardo, en el libro *Homilética para el siglo XXI*, hablando sobre el bosquejo del sermón, nos dice que el propósito del mismo es facilitar la organización de la exposición, motivar la atención y la comprensión de los oyentes y, por último, crear un sentido de orden, ya que el ser humano responde de forma favorable al orden.[28]

Por otro lado Wesley Allen Jr., escribiendo sobre las características del bosquejo en su obra *Elements Of Preaching: Determining the Form*, dice que todo bosquejo debe caracterizarse por tres cualidades esenciales que son: unidad, movimiento y clímax.[29]

Ahora bien, para que el expositor construya un bosquejo que refleje de manera natural unidad, movimiento y clímax debe entender —al igual que lo hizo para descubrir la "gran idea"— que la elaboración del bosquejo debe pasar por un proceso de tres etapas.

Primera etapa: Bosquejo exegético

Donald R. Sunukjian dice que: "El bosquejo del pasaje es esencialmente el que el autor original pudo haber usado cuando escribió a sus lectores originales. Es lo que pudo haber anotado para guiar sus pensamientos al redactar su manuscrito original".[30] Sunukjian nos explica que el lenguaje o la composición de este bosquejo debe reflejar asuntos peculiares del mundo bíblico: nombres, lugares, sucesos y prácticas culturales. En términos más simples, el bosquejo del pasaje dice qué sucedió en el pasado: "esto y aquello ocurrió" o "tal y tal persona dijo esto".

Piense, por ejemplo en la primera parte de este bosquejo basado en Génesis 22:1-9, el cual se desarrolla por completo en tiempo pasado.[31]

Texto: Génesis 22:1-19
Bosquejo del texto:

I. Dios le pidió a Abraham que sacrificase a su hijo Isaac.

    A. Esa petición debió dejar horrorizado a Abraham.

    B. Esa petición no tenía sentido. Dios le había prometido a Abraham numerosos descendientes, que vendrían por medio de Isaac.

Note que el bosquejo del texto nos cuenta lo que *sucedió* con Abraham y muestra, en términos de lenguaje y estructura, el flujo esencial del pasaje.

Segunda etapa: Bosquejo teológico

Note que el bosquejo exegético refleja el texto bíblico en términos de lenguaje y estructura. Nos cuenta lo que *sucedió*. En cambio el bosquejo teológico o preliminar del sermón busca plasmar la teología que el autor se propuso comunicar. Se trata

—según Donald R. Sunukjian— "de la verdad eterna que Dios reveló al inspirar esa porción de las Escritura".

El bosquejo teológico tiene como objetivo contar lo que *sucede* y el mismo debe ser propuesto en un lenguaje atemporal. Volvamos al ejemplo antes mencionado y notemos cómo el bosquejo exegético se convierte en teológico.

I. Los mandamientos de Dios a veces parecen absurdos.
   A. Dios nos llama con frecuencia a una obediencia que está más allá de las emociones y la lógica.

Tercera etapa: Bosquejo homilético

En tanto que de los dos primeros bosquejos, uno se mantiene en el mundo bíblico (exegético) y el otro se sitúa en el mundo contemporáneo (teológico), el bosquejo final del sermón —o sea el *homilético*— mantiene un ojo en el mundo bíblico y el otro en el contemporáneo. El bosquejo homilético "proclama las verdades eternas y muestra cómo fueron estas extraídas de los detalles del texto, combinando así elementos de los dos primeros (del bosquejo exegético y el teológico), y luego relaciona estas verdades con situaciones concreta en la vida del oyente actual".[32]

Por ejemplo, el bosquejo definitivo de la primera parte del texto que estamos tomando como ejemplo podría ser similar a la siguiente.

I. Los mandamientos de Dios a veces parecen absurdos.

   A. Dios le pidió a Abraham que sacrificara a su hijo Isaac. Un mandato horrible e ilógico.

   B. Esa petición no tenía sentido. Dios le había prometido a Abraham numerosos descendientes que vendrían por medio de Isaac.

C. Dios nos llama con frecuencia a una obediencia que está más allá de las emociones y la lógica.

1. Devolver el diez por ciento de nuestro ingreso aun cuando lo que ganamos no alcanza para suplir todo lo que necesitamos.

2. Apartar el séptimo día para descansar y dedicarlo a la adoración aun cuando necesitemos horas extras para poder tener más ingresos económicos.

Antes de cerrar este punto, es importante notar que el bosquejo definitivo del sermón tiene como punto principal la verdad teológica que se desprende del texto, luego le sigue la verdad bíblica que es el fundamento de la verdad teológica y, por último, están las situaciones prácticas a las que se aplican las verdades que se desprenden del texto bíblico.

CONCLUSIÓN

Como manifesté al principio de este capítulo, preparar un sermón no es tarea fácil, ya que demanda sudor y trabajo. Pero si el expositor ha hecho la debida preparación espiritual a través de la oración y si ha escudriñado el texto sometiéndolo al análisis exegético, podrá finalmente definir tanto la idea central como el bosquejo definitivo del sermón. Repito, si el expositor ha trabajado exitosamente con su texto escogido, la labor restante en la preparación del sermón está asegurada.

GUÍA DE ESTUDIO

1. Exponga en sus propias palabras lo que afirmó Martyn Lloyd-Jones en cuanto a la preparación del sermón.
2. ¿Cuál es el trabajo más difícil que demanda la predicación al predicador?
3. ¿Alrededor de qué deben girar todas las ideas del sermón para que dé en el blanco?
4. ¿Cómo encontrar un texto o tema para el mensaje? Escriba algunas de las sugerencias del autor al respecto.
5. De acuerdo a lo estudiado en este capítulo, ¿cuáles son las etapas del análisis exegético?

Referencias:

1. Martyn Lloyd-Jones, *El predicador y la predicación* (Barcelona, España, Editorial Peregrino, 2003), p. 90.
2. Jerry Vines y Jim Shaddix, *Power in the pulpit* (Chicago, IL: Moody Press, 1999), p. 71.
3. M. Bounds, *Grandes autores de la fe: Lo mejor de Edward M. Bounds* (Barcelona, España: Editorial CLIE, 2001), p. 449.
4. John Piper, *La supremacía de Dios en la predicación* (México: Publicaciones Faro de gracia, 2008), p. 70.
5. Citado en www.elconstructordesermones.org.
6. Harold L. Calkins, *Master preachers: Their study and devotional habits* (USA: Review and Herald Publishing Association, 1960) p. 14.
7. *Ibid.*, p. 16.
8. John Piper, , *La supremacía de Dios en la predicación* (México: Publicaciones Faro de gracia, 2008), p. 79.
9. Warren W. Wiersbe, *Llamados a ser siervos de Dios* (Grand Rapids, MI: Editorial Portavoz, 2002), p. 109.

10. Abel Aguilar, *Homilética I: El arte de predicar* (Miami, FL: Editorial vida, 2000), p. 38.

11. W. Floyd Bresee, *Predicadores laicos de éxito* (Hagerstawn, MD: Review and Herald, 1997), p. 54.

12. Kenton Anderson, *Predicar es una decisión* (Miami, FL: Editorial Vida, 2010), p. 143.

13. H. C. Brown, *Steps to the Sermon* (Nashville, TN: Broadman Press, 1963), p. 35.

14. Gordon D. Fee y Douglas Stuart, *La lectura eficaz de la Biblia* (Miami, FL: Editorial Vida, 1985), p. 19.

15. En esta sección presento un sistema simple que nos ayudará a tener una comprensión esencial del texto. Si el lector desea profundizar en el estudio de la exégesis, recomendamos la lectura de libros especializados en el tema. Algunos que pueden ser de gran ayuda son: *La lectura eficaz de la Biblia*, de Gordon D. Fee y Douglas Stuart; *Exégesis del Nuevo Testamento*, de Gordon D. Fee; *Hermenéutica: Entendiendo la Palabra de Dios*, de J. Scott Duvall y J. Daniel Hay; *Interpretación bíblica: Una introducción*, Howard G. Hendricks y William D. Hendricks; *Entender las Sagradas Escrituras: Un enfoque adventista*, George W. Reid (Miami, FL: Asociación Publicadora Interamericana, 2006).

16. A. F. Vaucher, *La historia de la salvación* (Madrid, España: Editorial Safeliz, 1988), p. 40.

17. James Ear Massey, *Designing the Sermon* (Nashville, TN: Abingdon Press, 1980), p. 31.

18. Para el estudio del contexto gramatical existen recursos que serán de gran ayuda. Por ejemplo, el *Diccionario Expositivo de palabras del Antiguo y Nuevo Testamento exhaustivo de Vine*, y el *Compendio del Diccionario Teológico del Nuevo Testamento* serán de ayuda al expositor, en especial para aquel que no sabe griego, ya que puede buscar todas las palabras en español y le dirá lo que significa en griego. También existen programas de computadoras de gran utilidad para el estudio gramatical del texto bíblico.

19. Este ejemplo fue citado por John MacArthur, *El poder de la Palabra y cómo estudiarla* (Grand Rapids, MI: Editorial Portavoz, 2010), p. 112.

20. Se haría un poco difícil entender la sentencia de Pablo en 1 Corintios —que a las mujeres no les es permitido hablar en la congregación— sin analizar el contexto histórico en el cual esta declaración se escribió. Según el *Comentario Bíblico Adventista*, era indecoroso que las mujeres hablaran en la congregación "porque las costumbres de los griegos y de los judíos ordenaban que las mujeres se retiraran cuando se discutían los asuntos públicos. La violación a esa costumbre sería considerada como una deshonra y habría sido una vergüenza para la iglesia".

21. Kenton Anderson, p.143.

22. Citado por Haddon Robinson, *La predicación bíblica* (Miami, FL: Logoi, Inc, 2000),p. 35.

23. Haddon Robinson, p. 66.

24. Harold T. Bryson y James C. Taylor, *Building Sermon to Meet People's Needs* (Nashville, TN: Broadman, 1980), p. 61.

25. Ramesh Richard, *Preparing Expository Sermon* (Grand Rapids, MI: Baker Books, 1995), p. 67.

26. Jilton Moraes, *Homilética* (Buenos Aires, Argentina: Editorial Peniel, 2011), p. 66.

27. Juan Medina, *Una predicación efectiva para el siglo XXI* (Miami, FL: Ministerio LOGOI, 2008), p. 51.

28. Teófilo Pichardo, *Homilética para el siglo XXI* (Santo Domingo, RD: Publicaciones UNAD, 2009), p. 61.

29. Wesley Allen, *Elements Of Preachig: Determining the Form* (Minneapolis, MN: Fortress Press, 2008), p. 7.

30. Donald R. Sunukjian, *Volvamos a la predicación bíblica* (Grand Rapids, MI: Editorial Portavoz, 2010), p. 26.

31. Este bosquejo fue publicado por Daniel Overdorf, *Sermones que transforman vidas* (Grand Rapids, MI: Editorial Portavoz, 2012).

32. Donald R. Sunukjian, p. 28.

CAPÍTULO 6

LA PREPARACIÓN DEL SERMÓN (SEGUNDA PARTE)

E n el capítulo anterior analizamos los primeros pasos en la preparación del sermón: escoger el texto, hacer el análisis exegético, descubrir la gran idea y por último bosquejar el flujo del mensaje. En este capítulo, continuaremos los pasos restantes en la ardua tarea de elaborar un sermón.

PASO CINCO: DESARROLLE LOS PUNTOS DEL BOSQUEJO

Después de definir el esqueleto del sermón el expositor debe pasar al siguiente nivel de la preparación, que es añadir carne a los huesos. Floyd Bresee escribió que sobre el esqueleto o bosquejo del sermón "colgamos los músculos de nuestra evidencia bíblica, nuestro argumento lógico y nuestras aplicaciones prácticas. Luego le añadimos la piel de nuestra presentación y al conjunto lo llamamos: sermón".[1]

A fin de desplegar los puntos del bosquejo es necesario responder de manera satisfactoria las tres preguntas fundamentales para el desarrollo del sermón.

Tres preguntas de desarrollo	Respuesta del predicador
¿Qué necesito explicar?	El predicador responde a esta pregunta como un maestro. Su tarea es explicar.
¿Lo creemos de verdad?	El predicador responde esta pregunta como un apologista. Su tarea es demostrar.
¿Cómo se ve en la vida real?	El predicador responde esta pregunta como pastor. Su tarea es aplicar y demandar un cambio de conducta.

Al observar el cuadro, notamos que la tarea del expositor en relación a la "gran idea" y al bosquejo del sermón consiste en tres cosas: *explicar, demostrar y aplicar.*

1. Explicar

En todo mensaje bíblico hay algunos aspectos obvios que el expositor tendrá que explicar. Las explicaciones muestran el porqué de una cosa, de una actitud; aclaran o deshacen los malos entendidos, justifican ciertos procedimientos. Nos ayuda saber qué *explicación* es el antónimo de *complicación.* Por eso, una explicación facilita el entendimiento del asunto.

Como expositores no podemos dar por sentado que nuestros oyentes conocen el significado de los términos o palabras que empleamos en nuestra jerga teológica. Delante del expositor habrá personas que nunca han escuchado términos como justificación, redención, nominalismo o antinominalismo. Por consiguiente, es necesario que sea claro.

Por ejemplo, imagínense que decidamos desarrollar el bosquejo sobre Génesis 22:1-19 que hemos usado como ejemplo. Si el expositor decide predicar en cuanto a esta parte de las Escrituras, es necesario que explique qué es un holocausto y por qué Dios especifica el lugar del sacrificio, entre otras cosas que aparecen en el texto.

Por otro lado, si se decide predicar basados en Efesios 1:4, que ha sido el otro texto que hemos tomado como ejemplo en esta obra, el expositor se verá en la obligación de explicar a qué tipo de elección se hace mención en el texto, ya que en las Escrituras se registran tres tipos de elecciones por parte de Dios: teocrática, vocacional y salvífica. Además, el expositor debe dedicar un tiempo a explicar lo que significa ser "santo y sin mancha delante de Dios".

2. Demostrar

El expositor no solo debe quedarse en campo de la explicación, sino que también debe incursionar en el de la demostración, por lo que debe responder la pregunta: ¿Es verdad? ¿Realmente puedo creerlo? Haddon Robinson argumenta que en la generación pasada, el predicador podía que contara con un sentimiento de culpa en cuanto al pesar de la congregación. Hoy en día eso ha cambiado ya que en la actualidad solo se puede esperar una actitud de duda y cuestionamiento por parte de los oyentes. Robinson dice que "la publicidad ha creado un público de gente escéptica que se sacude las afirmaciones dogmáticas y las confirmaciones entusiastas, no importa quién las haga".[2]

Para ilustrar este punto permítame utilizar la afirmación hecha por Pablo en Romanos 8:28, escojo este texto pues es el mismo que utiliza Haddon Robinson para explicar cómo reacciona una congregación moderna ante la verdad.

"Y sabemos que a los que aman a Dios, todas las cosas les ayudan a bien, esto es, a los que conforme a su propósito son llamados".

¿Es verdad? ¿Podemos creer eso? ¿Y qué de la madre que fue atropellada por un vehículo que huyó y que dejó viudo a su esposo y huérfanos a sus tres hijos? ¿Y qué de esos padres cristianos a cuyo hijito de cuatro años le diagnosticaron leucemia? ¿Cuán bueno es eso? ¿Qué hay de "bueno" en que un joven misionero se haya ahogado en las fangosas aguas de un río en la selva antes de haber testificado siquiera a un indígena? "Trabajar con este pasaje —afirma Robinson— y no encarar preguntas tan desconcertantes como esas, es perder totalmente el auditorio".[3]

3. Aplicar

Por último, el expositor debe desarrollar su bosquejo en base a la aplicación. Aplicar no es tarea fácil. Según Will Willimon, es el "área más peligrosa de la homilética, donde la mayoría de predicadores tenemos a menudo dificultades".[4] Creo esto y lo comparto de todo corazón ya que es en el terreno de la aplicación cuando la mayoría de los predicadores nos vemos tentados a añadir algunas demandas de fabricación humana. Como predicadores debemos tener claro que la aplicación no es el momento de libertad del predicador para que este diga lo que quiera. La aplicación, así como todas las partes del sermón, debe estar sometida al texto bíblico escogido para la predicación. El predicador debe presentar el principio que Dios demanda y mostrar el poder que Dios otorga para el cumplimiento de dicho principio.

Como predicadores debemos tener claro que la aplicación no es el momento de libertad del predicador para que este diga lo que quiera.

"Los predicadores eficientes —declara Daniel Overdorf— relacionan la verdad bíblica con las preguntas, luchas y necesidades de los oyentes contemporáneos. Ellos reconocen que no predicamos a las nubes. No predicamos a bancos vacíos. No predicamos a una masa sin rostro. Predicamos a personas, personas golpeadas y confundidas por la vida, personas que necesitan saber cómo marca la diferencia la Palabra de Dios".[5]

Ahora bien, ¿Qué elementos hemos de tomar en cuenta para hacer aplicaciones fieles al texto y relevantes al oyente contemporáneo? John McArthur en su libro *La predicación*, presenta "siete interrogantes que debemos hacer al texto, las cuales ayudarán a extraer aplicaciones fieles al texto y relevantes al oyente".[6]

1. ¿Hay *ejemplo* a seguir?
2. ¿Hay *mandamientos* que obedecer?
3. ¿Hay *errores* que evitar?
4. ¿Hay *pecados* que abandonar?
5. ¿Hay *promesas* que reclamar?
6. ¿Hay *nuevos pensamientos* acerca de Dios?
7. ¿Hay *principios* por los cuales vivir?

Si aplicamos las tres preguntas de desarrollo a cada línea del bosquejo y explicamos, demostramos y aplicamos, el texto bíblico se expandirá y nos permitirá elaborar un sermón completo.

El propósito del sermón señala lo que uno espera que ocurra en el oyente como resultado de la exposición del mensaje.

PASO SEIS: DETERMINE EL PROPÓSITO GENERAL Y ESPECÍFICO DEL SERMÓN

El propósito del sermón señala lo que uno espera que ocurra en el oyente como resultado de la exposición del mensaje. Un buen sermón comienza a ser preparado con la designación de un propósito. Fijar este es más que importante, es indispensable. Por ejemplo para James Crene, después de la idoneidad moral del predicador, el factor más importante en la elaboración de un sermón es la determinación de su propósito específico. Por su parte Fred Spann ilustró muy bien la importancia de la objetividad en el mensaje, cuando declaro:

> "Así como el médico no necesita dar una clase de medicina para esclarecer al paciente, sino conversar de modo claro y directo, el predicador también debe exponer de modo objetivo para alcanzar sus necesidades. El predicador que no es objetivo está trabajando como el cazador que dispara sin tener un animal en la mira".[7]

"Los sermones que no tienen un propósito objetivo —mencionó Jerry Key— son semejantes al viaje de Abraham (Hebreo 11:8) que 'salió sin saber adónde iba'". Cuando el predicador no fija con claridad el propósito de su mensaje, tiende a hablar en círculos interminables, gastando el precioso tiempo de los oyentes.

1. Propósitos generales del sermón

La identificación del propósito general del sermón se hace con una de estas seis palabras: evangelístico, devocional, misionero, pastoral, ético o doctrinal.[8]

Evangelístico:	Dirigido a personas no creyentes a fin de afirmar un compromiso con Jesús, al recibirlo como su Señor y Salvador personal.
	Es el mensaje de salvación.
Devocional:	Motiva a los creyentes a profundizar su relación con Jesús, amándolo más y buscando crecer en su gracia y conocimiento.
	Es el mensaje de comunión con Dios
Misionero:	Desafía a los creyentes a entregar sus dones y talentos al servicio del Señor en una respuesta misionera.
	Es el mensaje de consagración.
Pastoral:	Presenta el aliento de Cristo en los momentos de dificultades y crisis.
	Es el mensaje de aliento o de consuelo.
Ético:	Persuade a una mejor comunión con el prójimo, desafía a los oyentes a vivir en amor poniendo en práctica los principios cristianos.
	Es el mensaje práctico.
Doctrinario:	Enfoca, de modo especial, una doctrina bíblica. También se le llama sermón informativo, ya que busca informar, esclarecer e infundir convicción bíblica.
	Es el mensaje explicativo.

2. Propósito específico del sermón

Aparte del propósito general del sermón es necesario que el expositor plantee el propósito específico del mismo. Este propósito busca observar los cambios de conducta que deben resultar de la enseñanza. Según los estudiosos de la homilética, el sermón encuentra su propósito específico alineado con los propósitos bíblicos, y el mismo debe ser expresado en términos que se puedan medir.

Notemos algunos ejemplos:

- *La congregación debería entender cómo los ama Dios y explicar por lo menos una forma en que ese amor les da seguridad.*
- *El oyente debería entender la justificación por la fe y ser capaz de describir una sencilla definición de doctrina.*
- *El oyente debería enumerar los dones espirituales y determinar qué don le dio Dios.*

A fin de ayudar al expositor a identificar el propósito específico del mensaje, el maestro de predicación Haddon Robinson diseñó una tabla que muestra los diferentes propósitos observables así como el verbo que se puede emplear para expresarlo (vea recuadro al final del capítulo).

PASO SIETE: PREPARE LA INTRODUCCIÓN Y LA CONCLUSIÓN DEL SERMÓN

Aunque en esta sección no abordaremos todos los detalles relacionados a la introducción y la conclusión del sermón, debido a que discutiremos este tema en el capítulo siete, deseo dejar claro aquí que la introducción y la conclusión son partes fundamentales en la elaboración del sermón. Hablando sobre la importancia de la introducción, John Broadus dice que: "con un buen principio, la mitad del trabajo está hecho. Con un mal principio, todo está arruinado".[9] Por otro lado, Eduardo Gómez escribiendo sobre la importancia de la conclusión del sermón dice que: "es importante la elección del tema y del texto, es también importante tener una introducción bien adecuada, es importante tener un buen desarrollo, pero terminar mal es imperdonable".[10]

PASO OCHO: MOLDEE EL SERMÓN

Hasta aquí el expositor ha determinado y desarrollado la idea central del sermón (la "gran idea"), los puntos principales de su bosquejo, su propósito general y específico y, por último, la manera cómo comenzar y finalizar su sermón. Ahora el expositor debe moldear su exposición y decidir qué patrón estructural usar para comunicar el mensaje.

Según las teorías del aprendizaje, las personas aprenden de dos maneras fundamentales. Introducimos información y procesamos información, o sea, que aprendemos a través de la *deducción* o de la *inducción*. El método *deductivo* de aprendizaje va de lo general a lo particular y busca a través de exposiciones de conceptos y definiciones extraer y mostrar conclusiones y consecuencias. En la *deducción* "la mente procede de la causa al efecto, de lo universal a lo particular, de lo necesario a lo contingente".[11] Por su parte, el método *inductivo* parte de la experimentación y la observación. Es el "proceso que sigue la mente para remontarse desde la observación sistemática de hechos análogos hasta la conceptualización de los mismos en hipótesis verificadas, leyes y teorías".[12] Pablo Jiménez, explicando la diferencia entre deducción e inducción, dijo que "el punto de partida del método *deductivo*, es el punto de llegada en el *inductivo*. En vez de imponer un concepto como lo hace el método *deductivo*, el método *inductivo* busca llegar a una conclusión que pueda ser aceptada por los oyentes".

El expositor debe moldear su sermón de acuerdo a uno de estos dos patrones de aprendizaje. Todo sermón o bien es *deductivo* o *inductivo* y permítame decir que ambos, tanto el modelo *deductivo* como el inductivo, son perfectamente apropiados para moldear el sermón. En la *deducción*, el expositor comienza con la Biblia y se mueve al oyente. En la *inducción*, el expositor comienza con el oyente y se mueve hacia la Biblia. La *deducción* se puede considerar como un método objetivo en la predicación porque comienza con la palabra de autoridad e inmediatamente busca la sumisión a ella. La opción *inductiva* se puede considerar como un método subjetivo puesto que comienza con la necesidad del oyente y se mueve hacia una respuesta bíblica.

Existen diversos modelos sermonarios, tantos deductivos como inductivos, que pueden ser usados perfectamente para moldear al sermón. En el *apéndice A* mostraremos con más detalles algunas estructuras que pueden ser elegidas para moldear el sermón.

PASO NUEVE: ESCOJA EL TÍTULO DEL SERMÓN

Todo sermón requiere un título, que es la frase que da a conocer el asunto o la materia de una obra. En el caso de la homilética el título del sermón podría definirse como el anuncio de la idea central del mensaje en forma atractiva. El título tiene dos objetivos fundamentales. Primero: dar promoción o anunciar el sermón.[13] Segundo: generar curiosidad e interés.[14]

Al escoger un título para el sermón es necesario recordar al menos unos cuantos principios básicos relativos al mismo.

1. *El título debe ser preciso y exacto.* Debe fijar o establecer los límites de la verdad que será tratada en el sermón.

2. *El título debe ser claro y simple.* No busque títulos complicados y confusos. En cierta ocasión escuché a un predicador anunciar el título de su sermón de la siguiente manera: *"La juventud antes los desafíos filosóficos y posmodernos del mundo contemporáneo"*.

3. *El título debe ser interesante sin llegar a ser sensacionalista.* Evite por todos los medios los sensacionalismos. Recuerde que lo más importante no es el título del sermón sino su contenido.

4. *El título debe ser expresado en términos actuales, no antiguos.* En lugar de usar el título "David y Goliat", utilice "Vence tus gigantes". En vez de titular "La vida de Juan el Bautista", use "Características de un gran siervo de Dios".

5. *El título debe ser específico, no general.* No titule un sermón como "La creación" o "El Espíritu Santo". Más bien sea específico diciendo: "¿Quién es el Espíritu Santo?" o "Creación o evolución ¿Importan realmente?"

6. *Use títulos positivos.* Por ejemplo, es más atractivo el título "Receta para el éxito" que "Receta para el fracaso". Aunque el sermón trate algunos aspectos negativos como el pecado, la muerte, el dolor y el sufrimiento, es posible transformar el título para tales temas en lecciones positivas.

Un manuscrito permite al expositor ver el sermón en su conjunto y así descubrir los pensamientos inconexos o piezas fuera de lugar.

PASO DIEZ: REDACTE UN MANUSCRITO

La mayoría de los maestros de homilética recomiendan que los predicadores, especialmente los novatos, escriban sus sermones en su totalidad. La ventaja de esto es la claridad de pensamiento que lleva al mensaje. Un manuscrito permite al expositor ver el sermón en su conjunto y así descubrir los pensamientos inconexos o piezas fuera de lugar. Como mínimo, una descripción detallada debe ser mecanografiada o escrita. Es mejor averiguar en el estudio que el sermón no es claro o poco interesante que hacer el descubrimiento en el púlpito.

Entre las ventajas que tiene escribir el sermón palabra por palabra, tal como lo predicará, se encuentran las siguientes:

1. Mejora la dicción; es decir, ayuda al expositor a encontrar la palabra que desea comunicar.
2. Evita la improvisación en el púlpito.
3. Ayuda a controlar el tiempo
4. Mejora el estilo y la redacción
5. Permite buscar precisión y claridad en la comunicación
6. Ayuda a recordar el contenido del sermón.

CONCLUSIÓN

Como dije al principio del capítulo cinco, los pasos que presentamos aquí no son la última palabra en lo referente a la elaboración del sermón. Los pasos presentados a lo largo de los dos últimos capítulos puede que concuerden con otros manuales de predicación. De modo que usted como expositor siéntase libre de consultar otras fuentes o, si le parece, añadir algunas ideas a los pasos antes presentados. Mas como dije anteriormente, los pasos presentados aquí han tenido como objetivo delinear un mapa a seguir en la preparación del sermón. Pero si como expositor sigue las indicaciones dadas anteriormente, tengo la plena certeza y seguridad —porque así lo he experimentado— de que verá terminado un sermón que tendrá fundamento tanto bíblico como sólido y con relevancia contemporánea.

Propósitos específicos del Sermón

Si la meta es:	Conocimiento	Comprensión	Actitud	Habilidad
El verbo puede ser:	Listar	Discriminar entre	Determinarse	Determinarse
	Expresar	Diferenciar entre	Desarrollar	Desarrollar
	Enumerar	Comparar	Tener confianza	Tener confianza
	Recitar	Contrastar	en Apreciar	en Apreciar
	Recordar	Clasificar	Estar convencido	Estar convencido
	Escribir	Seleccionar	Ser sensible a	Ser sensible a
	Identificar	Escoger	Comprometerse	Comprometerse
	Memorizar	Separar	Tener entusiasmo	Tener entusiasmo
	Conocer	Evaluar	Desear	Desear
	Rastrear	Examinar	Condolerse de	Condolerse de
	Delinear	Comprender	Planear	Planear
	Tomar conocimiento de	Reflexionar	Sentirse satisfecho	Sentirse satisfecho
	Familiarizarse con	Considerar		
	Enterarse de	Discernir		
	Definir	Entender		
	Describir	Descubrir		
	Reconocer.			

GUÍA DE ESTUDIO

1. A fin de desplegar los puntos del bosquejo, ¿qué preguntas se deben responder para desarrollar el sermón?

2. ¿Cuáles son las tres cosas que conforman la tarea del expositor en relación a la "gran idea" y al bosquejo del sermón?

3. ¿Cuáles son, según John McArthur, las siete interrogantes que debemos hacerle al texto?

4. ¿En qué consisten los métodos de aprendizaje inductivo y deductivo? Explíquelos.

5. Enumere algunas de las ventajas que tiene escribir el sermón palabra por palabra.

Referencias:

1. W. Floyd Bresee, *Predicadores Laicos de Éxito*, p. 74.

2. Haddon Robinson, *La predicación bíblica* (Miami, FL: Logoi, Inc, 2000), p .84.

3. *Ibíd.*, p. 85.

4. Daniel Overdorf, *Sermones que transforman Vidas* (Grand Rapids, MI: Editorial Portavoz, 2012), p. 13.

5. *Ibíd.*, p. 31.

6. John McArthur, *La predicación: como predicar bíblicamente* (Nashville, Tennessee: Grupo Nelson, 2009), p. 244.

7. Citado por Jilton Moraes, *Homilética: de la investigación la pulpito* (Buenos Aires, Argentina: Editorial Peniel), 2011.

8. Cuadro adaptado: Jilton Moraes, *Homilética: de la investigación la pulpito* (Buenos Aires, Argentina: Editorial Peniel, 2011), p. 86-87.

9. John Broadus, *Tratado sobre la predicación* (El Paso, TX: Casa Bautista de Publicaciones, 1985), p. 103.

10. Eduardo Gómez, *Homilética* (San José, California: 2002), p. 59.

11. Deiros, P. A. (1997). *Diccionario Hispano-Americano de la misión* (Casilla, Argentina: COMIBAM Internacional).

12. *Ibíd.*

13. Kittin Silva. *Manual práctico de homilética* (Miami, FL: Editorial Unilit, 1995), p. 60

14. Donald R. Sunukjian, *Volvamos a la Predicación Bíblica*, Grand Rapids, MI: Editorial Portavoz, 2010, p. 273.

CAPÍTULO 7

COMIENCE BIEN, TERMINE MEJOR

Predicar se parece al acto de pilotear un avión. Hay dos momentos críticos: el despegue y, uno mucho más difícil, el aterrizaje. Estas dos acciones —despegar y aterrizar— demandan del piloto un extra de habilidad, concentración y atención. Un descuido tanto en el despegue como en el aterrizaje puede degenerar en la pérdida del avión y llevar a la muerte a cientos de vidas. En la aviación es importante que un vuelo comience bien, pero más importante es que termine mejor.

En la predicación pasa algo similar. Si le preguntara a algún predicador cuál es la parte más difícil del sermón, seguro que la mayoría le responderá que es el inicio y el final, o sea, la introducción y la conclusión. Al igual que el piloto, el predicador debe colocar un extra de habilidad, concentración y atención al acto de comenzar y finalizar su sermón pues si no lo hace corre el riesgo de perder todo el tiempo invertido en el sermón y, lo más doloroso, perder la atención de sus oyentes.

En este capítulo abordaremos en detalles el tema de la introducción y la conclusión del sermón. Estudiaremos la importancia y el propósito tanto de la introducción como de la conclusión. También veremos las pautas a seguir en su elaboración. En resumen, si tuviese que resumir el contenido de este capítulo diría que un buen predicador al igual que un buen piloto debe comenzar bien pero sobre todo debe terminar mejor.

COMIENCE BIEN

1. La importancia de la introducción

Los primeros tres minutos del sermón son los más importantes, los más desafiantes y también los más difíciles. "Los oyentes determinarán —dice Lloyd J. Ogilvie— dentro de los primeros tres minutos del sermón, la efectividad de todo el mensaje".[1] Es dentro de esos primeros tres o cuatro minutos cuando el predicador puede salir airoso con su sermón o derrumbarse por completo. "Es en la introducción", dice H. C. Brown, "que se encuentra la primera crisis en la predicación. Desde el momento en que se pronuncia la primera frase, y por un espacio de tres a cuatros minutos, la batalla para captar la atención se puede perder o ganar[2]".

Los primeros tres minutos del sermón son los más importantes, los más desafiantes y también los más difíciles.

Llama la atención que Brown use la palabra "batalla" para referirse a los tres primeros minutos del sermón. Creo en lo personal que no hay otra palabra más adecuada. Es una batalla captar la atención de un joven que durante la exposición está mandando mensajes de texto a algún compañero del colegio. Es una batalla captar la atención de una señorita que al tiempo que el predicador es presentado, ella está con su cabeza recostada en el banco de manera indiferente. Es una batalla captar la atención de un anciano que lucha con el sueño mucho antes que el predicador pronuncie la primera palabra. Es una batalla captar la atención de oyentes que, debido al bombardeo constante de los medios tecnológicos, ven la predicación como algo aburrido y fuera de tiempo. ¡Es una batalla, sí, una gran batalla!

Haddon Robinson tenía presente esta crisis de los primeros tres minutos cuando escribió que: "Hay tres clases de predicadores: aquellos a los que no se les puede escuchar; los que se pueden oír; y los que no se pueden dejar de escuchar. Y es en la introducción donde casi siempre la congregación descubre qué clase de orador es el que tiene delante".[3]

2. Lo que persigue la introducción

Después de ver la importancia que tienen los primeros minutos del sermón nos preguntamos: ¿Cuál es la función o propósito de la introducción del sermón? ¿Por qué debemos preocuparnos y gastar tiempo pensando en la mejor forma de comenzar el sermón? Entre las principales finalidades de la introducción, se destacan las siguientes:

El primer objetivo de la introducción es crear un vínculo entre el orador y su congregación, para así mostrar que el mayor interés del predicador no es solo exponer un mensaje sino comunicarse de manera efectiva con sus oyentes.

- *Conectar al predicador con los oyentes.* El primer objetivo de la introducción es crear un vínculo entre el orador y su congregación, para así mostrar que el mayor interés del predicador no es solo exponer un mensaje sino comunicarse de manera efectiva con sus oyentes. Permítame un consejo.

¡Tenga cuidado con la prisa! Usted no puede comenzar a predicar hasta que no se conecte con su público. En su libro, *Comunicación: la clave para lograr cambios duraderos,* Andy Stanley dice que cuando un comunicador se apresura con su material, envía un mensaje muy específico: estoy más preocupado por cubrir mi material que por comunicarme con mi audiencia. El mensaje emocional que envía es: Estoy más preocupado por mi sermón que por mis oyentes.[4]

- *Despertar la atención de los oyentes y provocar interés en el sermón.* Este segundo objetivo lo discutimos al inicio de esta sección, mas permítame añadir que una introducción que atrapa el oído del oyente asegura la atención de por lo menos treinta minutos de su tiempo.

- *Identificar el tema a tratar.* La introducción debe presentar el asunto a tratar. Tiene que introducir el tema del sermón para que nadie tenga que andar adivinando sobre qué va a hablar el predicador. Algunas introducciones presentan toda la idea central del sermón, cuando esto ocurre el expositor usará el cuerpo del sermón para explicar, demostrar y aplicar la idea central del mismo a sus oyentes. Por otro lado, si tan solo se introduce el tema del sermón, los puntos principales lo completarán luego. Por ejemplo, si plantamos en la introducción la pregunta: ¿Qué significa ser perfecto? Los puntos del sermón debe dar respuesta a esta pregunta hasta llegar a una conclusión.

3. Cualidad indispensable de la introducción

Entre las cualidades de la introducción es necesario resaltar que la misma debe ser breve, apropiada, preparada, transicional, interesante, sugestiva, modesta, simple, unificada, variada, directa y positiva[5]. Sin embargo, de todas esas cualidades deseo resaltar lo que a mi entender es la más indispensable: la brevedad.

Una buena introducción, según los estudiosos de la homilética, no debe ocupar más del diez al quince por ciento del cuerpo del sermón. Un destacado autor escribió que "una introducción larga no solamente impacienta al auditorio, sino que sugiere un sermón extenso, lo que desagrada demasiado a los oyentes".[6]

Cuenta una historia que cierta señora se quejaba de su pastor porque gastaba tanto tiempo en el sermón preparando la mesa, que ella perdía el apetito antes de llegar a la parte principal.

Pero debemos tener cuidado con la brevedad porque algunos expositores tienden a introducir sus sermones de manera muy pero muy breve. Oscar Hernández dice que: "la introducción no debería ser ni muy larga ni muy corta. Cuando es demasiado larga le resta suspenso al cuerpo. Y a la inversa, cuando es demasiado corta, se priva a los oyentes de la oportunidad de aplicar sus intelectos y emociones al sermón".[7]

Según Robinson "la introducción debe ser lo suficientemente larga como para captar la atención, plantear las necesidades y orientar a la congregación hacia el tema, la idea o el punto principal. Mientras no se lo haga, la introducción no está completa; pero después que se logra, comienza a ser demasiado larga".[8]

4. Modelos adecuados de introducción para sermones

Si la función básica o primaria de la introducción es captar el interés y la atención de quienes oyen, es necesario por lo tanto que el expositor entienda que existe una variedad de introducciones que pueden ser utilizadas para dar inicio al sermón, ya que si de algo debe cuidarse es de ser predecible y caer en la monotonía.

En su monumental obra *Handbook of Contemporary Preaching*, Michael Duduit menciona diez modelos de introducciones que pueden ser usadas con efectividad.[9]

✓ Una historia personal seguida de la aplicación de textos bíblicos que afirman la propuesta.

✓ Una historia real que coloca la esencia del sermón en un llamado, seguida por la propuesta del mensaje y un texto bíblico.

✓ Una anécdota o una parábola de la vida diaria o una historia que exponga el asunto central del texto bíblico.

✓ Una declaración directa del texto bíblico con una promesa para la vida contemporánea.

✓ Referencia a una necesidad expresada por alguien en la congregación y un texto bíblico con promesas para solucionar tal necesidad.

✓ Una historia dramática y detallada de algún acontecimiento bíblico.

✓ Un problema contemporáneo llevado a un texto bíblico que presenta esperanza y solución.

✓ Preguntas que sean el centro de una necesidad humana apremiante, como: ¿de dónde vengo? ¿a dónde voy? Y presentar un texto en el que Dios responda a tales preguntas.

✓ Presentar en forma clara un asunto de un texto que tenga una verdad esencial y que sea desarrollada durante el mensaje.

✓ Contar noticias del conocimiento de todos, llevándolas de lo contemporáneo a un texto apropiado, mostrando que la Biblia atiende a las necesidades de hoy.

TERMINE MEJOR

1. Importancia de terminar bien

La conclusión del sermón es la última parte de este y por ser el final se ha cometido el craso error de restarle importancia. Muchos predicadores —declara W. Floyd Bresee— desarrollan sermones del tipo *elefante*. Un sermón *elefante*, explica Bresee, es aquel que posee una gran cabeza al inicio, un cuerpo masivo, pero apenas tiene una cola o conclusión. La conclusión parece ser algo que se le ocurrió para salir del paso.[10]

Contrarios a los predicadores que usan la conclusión solo para salir del paso, están aquellos que le dan a esa parte final la atención que la misma merece. Andrew Blackwood, hablando sobre la importancia de la conclusión, nos dice que "aparte del texto, la parte más vital del sermón es la conclusión".[11] Por su parte, Jerry Stanley subraya la importancia de la conclusión al decir que: "La primera impresión del sermón puede ser notable, pero las últimas generalmente son las más perdurables. Las primeras palabras del predicador pueden determinar si su mensaje será bien recibido o no; pero las últimas, en gran parte, determinarán si el sermón será recordado y dejará un efecto permanente en las vidas de los oyentes".[12] Tan importante es la conclusión que algunos predicadores la preparan de primero, con el propósito de que el mensaje se dirija hacia ella por un sendero directo.

En la conclusión no se debe introducir ni presentar ningún argumento nuevo.

---

2. El contenido de conclusión

James D. Crane, en su *Manual para predicadores*, nos dice que "la conclusión de un mensaje cristiano debe comprender cuanto menos dos elementos importantes, a saber: un *resumen* de los puntos principales del discurso y una *invitación* para actuar de acuerdo con la voluntad de Dios, así como esta ha sido presentada en el sermón".[13]

- *El resumen.* En la conclusión no se debe introducir ni presentar ningún argumento nuevo. La conclusión no es una oportunidad para mencionar algo que se le olvidó decir en el desarrollo del mensaje. Lo que se quedó no hay que mencionarlo. Déjelo para otra ocasión. A todos los predicadores siempre se nos queda algo por decir, pero la conclusión no es el lugar para decirlo. Los momentos finales del sermón son para recalcar lo que se ha dicho y por ningún motivo se debe llevar a la congregación a nuevas ideas. Es de mal gusto cuando un predicador anuncia que va a concluir y se toma media hora más predicando otro sermón muchas veces completamente divorciado del tema principal. Si va a concluir, por favor, ¡resuma y concluya.

- *La invitación.* Floy Bresee, hablando sobre la invitación, nos dice que "El resumen repasa e informa. La invitación desafía a cada oyente para que actúe de acuerdo a la información recibida. El resumen apela a la mente, al raciocinio. La invitación presenta un reto a la voluntad. Un discurso no equivale a un sermón a menos que haga ambas cosas. Cuando alguien toca a la puerta, no es sencillamente para informarle que hay alguien allí. El toque provoca una acción. No basta con proporcionar información a los oyentes diciéndoles que Jesús está a la puerta de ellos. El toque demanda una acción. Usted no predica sobre el perdón tan solo para que la gente crea en él, sino para que lo experimente. Todo sermón debería incluir una invitación o llamado lógico y no manipulativo que lleve a la acción".[14]

3. Cómo terminar bien un sermón

Las conclusiones toman diferentes formas, dependiendo del mensaje, el auditorio y el ministro. Como una estrategia para levantar el interés de los oyentes, el predicador tiene que procurar variar sus conclusiones. ¿Cuáles son algunas de las formas que se pueden usar para concluir bien un sermón?

Existen diversas formas en las que se puede terminar de manera simple y eficaz un sermón:[15]

✓ *Termine de la misma manera que comenzó.* Puede terminar leyendo el mismo pasaje que utilizo para introducir su sermón o repitiendo la idea central del sermón que planteó en la introducción.

✓ *Termine con una simple exhortación.* La carta a los Romanos no es un buen ejemplo de cómo una exhortación puede tener un impacto positivo para terminar el sermón. Después de Pablo presentar los argumentos a favor de la justificación por la fe, introduce un ruego en el capítulo 12: "Así que, hermanos, os ruego por las misericordias de Dios, que presentéis vuestros cuerpos en sacrificio vivo, santo, agradable a Dios, que es vuestro culto racional". Después de este ruego el resto de la epístolas a los Romanos es una exhortación.

✓ *Termine con un resumen o una repetición.* En la sección anterior abordamos este tópico. El resumen o la repetición de los puntos principales o la idea central es una de las formas más usadas para concluir un sermón.

✓ *Termine con una oración.* Aunque en muchas ocasiones el predicador ora para iniciar su sermón son pocos los que usan la oración como una manera de terminar la predicación. He tenido la oportunidad de escuchar expositores usar la oración para enfatizar el pensamiento central del sermón y resumir los puntos principales de su bosquejo.

✓ *Termine con una invitación a la congregación a expresar su fe, aceptando la verdad que fue presentada y desafiándole a un cambio de vida.*

✓ *Termine con una historia o una ilustración.* Una historia o ilustración que resuma los puntos principales del sermón es una de las mejores formas de terminar un mensaje.

✓ *Termine con un momento de silencio.* Alguien dijo que en muchas ocasiones el silencio habla más alto que las palabras. Culminar el punto final del sermón y guardar un momento de silencio puede llevar a la congregación a la reflexión y la meditación.

✓ *Termine con una pregunta.* Una pregunta apropiada, o incluso una serie de ellas, pueden concluir un mensaje con eficacia.

✓ *Termine con una cita.* Una cita bien escogida a veces resume la idea del sermón en palabras más fuertes y vívidas que las que el predicador mismo puede encontrar.

✓ *Termine utilizando un corto video relacionado con el sermón.* Recuerdo un predicador que después de haber hablado de lo que Dios como padre está dispuesto a hacer por cada uno de sus hijos, concluyó su prédica con un corto video del corredor olímpico Derek Redmond, que en las olimpiadas de 1992 sufrió una lesión en plena pista que le dejó postrado. Sin poder seguir, mas sacando fuerzas, decidió continuar y terminar la carrera, pero su padre que veía el espectáculo corrió a la pista y abrazándole terminó junto a su hijo lesionado la carrera. Cuando el predicador presentó ese video no tuvo que decir más palabras. El mensaje estaba concluido.

CONCLUSIÓN

La introducción así como la conclusión son partes fundamentales en la predicación. El predicador no debe enfatizar una a expensa de la otra. Pues como el despegue del avión es importante para iniciar el vuelo, también el aterrizaje es esencial para llegar al destino propuesto. El predicador eficaz procurar por todos los medios no solo comenzar bien sino terminar mejor.

GUÍA DE ESTUDIO

1. ¿En qué radica la importancia tanto de la introducción como de la conclusión?
2. Escriba algunos de los diez modelos de introducciones que pueden ser usadas con efectividad, según Michael Duduit.
3. ¿Cuál debe ser el contenido de la conclusión?
4. ¿Cuáles son algunas de las formas que se pueden usar para concluir bien un sermón?
5. ¿Le parece importante emplear algún recurso audiovisual para concluir su exposición? Dé un ejemplo.

Referencias:

1. Michael Duduit, *Handbook of Contemporary Preaching* (Nashville, Tennessee: Broadman Press, 1992), p. 157.

2. H. C. Brown, Steps to the Sermon (Nashville, TN: Broadman Press, 1963), p. 125.

3. Haddon Robinson, *La predicación bíblica* (Miami, FL: Logoi, Inc, 2000), p. 169.

4. Andy Stanley, *Comunicación: La clave para lograr cambios duraderos* (Buenos Aires, Argentina: Editorial Peniel, 2007), p. 125.

5. Alfonso Valenzuela, *La exposición del mensaje divino* (Pasadena, California: Living Ministry, 2005), p. 58.

6. Citado por Jerry Stanley Key, *La preparación y la predicación del sermón bíblico* (El Paso, TX: Editorial Mundo Hispano, 2008), p. 200.

7. Oscar Hernández, *Con la Biblia en mis manos* (Miami, FL: Casa Publicadora Interamericana, 2000), p. 134.

8. Haddon Robinson, p. 168.

9. Michael Duduit, p. 177-178.

10. Floyd Bresee, *Manual de entrenamiento para laico* (Miami, FL: Asociación Publicadora Interamericana, 2011), p. 255.

11. Andrew Blackwood, *The fine art of preaching* (New York: The Macmillan Co, 1937), p. 127.

12. Jerry Stanley Key, p. 216.

13. James D. Crane, *Manual para predicadores* (El paso, TX: Editorial Mundo Hispano, 2012), p. 107.

13. Floyd Bresee, p. 256.

14. Algunas de las ideas enumeradas en esta sección fueron tomadas de Fred B. Craddock, *Craddock on the craft of preaching* (St. Louis, Missouri: Chalice Press, 2011), pp. 157-168.

CAPÍTULO 8

ILUSTRE, ILUSTRE, ILUSTRE

D avid, rey de Israel, el hombre que un día fuera llamado "varón conforme al corazón de Dios", pecó y el Señor —en su inmensa misericordia— le envió un mensaje de amonestación a través de un siervo escogido, un profeta llamado Natán. Pero, ¿cómo darle el mensaje al rey?, se preguntaba el profeta. Natán, sabio orador y gran comunicador, decidió tras analizar la situación entregar el mensaje utilizando una simple y conmovedora historia.

"Dos hombres vivían en un pueblo. El uno era rico, y el otro pobre. El rico tenía muchísimas ovejas y vacas; en cambio, el pobre no tenía más que una sola ovejita que él mismo había comprado y criado. La ovejita creció con él y con sus hijos: comía de su plato, bebía de su vaso y dormía en su regazo. Era para ese hombre como su propia hija. Pero sucedió que un viajero llegó de visita a casa del hombre rico, y como éste no quería matar ninguna de sus propias ovejas o vacas para darle de comer al huésped, le quitó al hombre pobre su única ovejita" (2 Samuel 12:1-4).

La historia captó toda la atención del rey David. Se la tomó en serio y respondió con desgarradora emoción: "¡Tan cierto como que el Señor vive, que quien hizo esto merece la muerte!" Natán no necesitó añadir más a su mensaje. Todo lo que tuvo que hacer fue aplicarle el relato al rey: "¡Tú eres ese hombre!"

El sabio profeta entendió lo que cada buen predicador y maestro sabe: una imagen vale más que mil palabras. Natán sabía que una ilustración cautivadora elegida cuidadosamente y utilizada hábilmente comunica más, es recordada por más tiempo y tiene más impacto que mil palabras abstractas, aunque las mismas sean verdaderas e importantes.[1]

En este capítulo deseo tratar acerca del uso de material ilustrativo en el sermón. Y, antes de continuar, permítame decir que como predicadores tenemos un gran desafío por delante. Somos desafiados —según lo expresa el Dr. Osvaldo Motessi— a predicar a una generación alimentada en base a películas, saturada por la radio y bombardeada por ritmos frenéticos. El desafío del predicador moderno consiste en predicar vívidamente, transformando el oído en ojos, ilustrando y pintando cuadros que fijen de manera gráfica la verdad de Dios en la mente de los oyentes.[2]

El desafío del predicador moderno consiste en predicar vívidamente, transformando el oído en ojos, ilustrando y pintando cuadros que fijen de manera gráfica la verdad de Dios en la mente de los oyentes.

Los tiempos han cambiado y la manera en que las personas escuchan y aprenden hoy no es la misma en que lo hacían hace unas cuantas décadas. La narración como método de comunicación está cobrando relevancia en el mundo moderno. Basta ver que los libros que más se venden son aquellos que presentan conceptos a través de narraciones e historias. Alguien escribió que "de todas las formas en las que nos comunicamos unos con otros, la historia se ha establecido a sí misma como la más cómoda, la más versátil y quizás la más peligrosa".[3] Las historias cautivan la imaginación, el interés y la atención de las personas.

JESÚS, EL MAESTRO DE LAS ILUSTRACIONES

Si alguien conocía el valor que tiene contar una historia o usar una ilustración para comunicar con eficacia la verdad, ese alguien era Jesús. A través de los evangelios, el Señor expuso innumerables temas. Habló del dinero, del cielo, del infierno, del fin del tiempo, del legalismo, la hipocresía, la salvación, el pecado y el amor de Dios, entre otros temas. Sin embargo, llama la atención que expusiera la mayoría de esos puntos a través de relatos, sobre todo mediante figuras literarias como la parábola. El evangelista Mateo nos dice que: "Todo esto habló Jesús por parábolas a la gente, y sin parábolas no les hablaba" (Mateo 13:34). ¡Increíble! Jesús todo lo enseñaba a través de parábolas. Es más, según los estudiosos cerca del setenta y cinco por ciento de las enseñanzas de Jesucristo en el Nuevo Testamento contienen algún tipo de ilustración o relato.[4]

Comentando acerca del uso que Jesús hacía de las ilustraciones, una famosa escritora cristiana nos cuenta que:

> "Jesús sacaba sus ilustraciones de las cosas de la vida y, aunque eran sencillas, tenían una admirable profundidad de significado. Las aves del aire, los lirios del campo, las semillas, el pastor y las ovejas, eran objetos con los cuales Cristo ilustraba la verdad inmortal; y desde entonces, siempre que sus oyentes veían esas cosas de la naturaleza, recordaban sus palabras".[5]

La misma autora dijo en otro lugar que:

"Jesús buscaba un camino hacia el corazón. Usando una variedad de ilustraciones, no solamente presentaba la verdad en sus diferentes fases, sino que hablaba al corazón de los distintos oidores. Suscitaba su atención mediante figuras sacadas de las cosas que los rodeaban en la vida diaria".[6]

El hecho de que Jesús usara relatos, historias e ilustraciones para comunicar la verdad de Dios con eficacia nos deja ver sin discusión alguna el valor que tiene el sabio uso de tales recursos en la predicación. Tengo un amigo profesor de predicación que dijo que si Jesús fuese a impartir un seminario de homilética en alguno de nuestros seminarios, lo primero que les diría a los estudiantes es que se consiguieran una memoria externa de computadora con la capacidad de por lo menos veinte gigabites y la llenaran por completo de ilustraciones.

El hecho de que Jesús usara relatos, historias e ilustraciones para comunicar la verdad de Dios con eficacia nos deja ver sin discusión alguna el valor que tiene el sabio uso de tales recursos en la predicación.

PROPÓSITOS PRINCIPALES DE LAS ILUSTRACIONES

El uso de material ilustrativo en el sermón persigue múltiples objetivos. Entre los principales propósitos que se pueden enumerar se encuentran los siguientes: 1) atraer y mantener la atención, 2) clarificar las ideas, 3) apoyar la argumentación, 4) dar energía al argumento, 5) hacer más vívida la verdad, 6) persuadir la voluntad,

7) causar impresión positiva, 8) adornar verdades majestuosas, 9) proveer descanso frente a la argumentación abstracta, 10) ayudar a retener lo expuesto, 11) reiterar o dar variedad a la repetición de un concepto, 12) aplicar indirectamente la verdad y 13) hacer práctico el sermón.

Cada uno de los propósitos anteriormente mencionados son de suma importancia y merecen un comentario o explicación detallados, mas por ser a mi entender los propósitos más relevantes que persigue la ilustración del sermón, deseo comentar tan solo cuatro de los anteriormente enumerados.

1. La ilustración busca clarificar las ideas

La palabra "ilustrar" viene del latín *ilustrare* que significa "arrojar luz o brillo, o hacer algo más evidente y claro".[7] Partiendo de esta definición podemos afirmar que el objetivo primordial del uso de ilustraciones en el sermón es hacer más claras y evidentes las ideas expuestas. En su libro *Manual de homilética,* Samuel Vila dice que "las imágenes son para el discurso lo que las ventanas para una casa: hacen entrar la luz del argumento en las mentes más obtusas, a quienes las ideas abstractas resultan pesadas y a veces incomprensibles".[8]

Es un hecho innegable que las ilustraciones ayudan a los oyentes a grabar bien la idea principal del sermón y a recordar lo más importante del mensaje.

---

2. Las ilustraciones ayudan a retener lo expuesto

Es un hecho innegable que las ilustraciones ayudan a los oyentes a grabar bien la idea principal del sermón y a recordar lo más importante del mensaje. Algunos estudios han revelado que los oyentes recuerdan las ilustraciones por más tiempo que cualquier otra parte del sermón; muchas veces, las verdades del sermón son recordadas solo en relación con la ilustración. Si queremos que la verdad quede grabada en la mente de nuestros oyentes y la misma sea recordada por más tiempo, es necesario que usemos material ilustrativo.

3. Las ilustraciones atraen y mantienen la atención del oyente

Ya para el siglo diecisiete el célebre predicador Martín Lutero constató que: "Cuando se predica el artículo de la justificación, la gente duerme y tose; cuando uno empieza a dar ejemplos y narrar historias, ahí si desencapotan las orejas, la gente queda tranquila y presta atención".[9]

Las buenas ilustraciones captan y mantienen la atención del oyente. Es por esta razón que algunos maestros de homilética recomiendan que los sermones inicien y concluyan con una ilustración que capte la atención del oyente.[10]

Cuando se usan ilustraciones el sermón no solo es más práctico, también es más atractivo.

---

4. Las ilustraciones hacen que el sermón sea práctico

A veces los sermones están llenos de material abstracto, teórico y extremadamente académico. En muchas ocasiones las ideas que el orador expone tienden a ser difíciles de entender para el oyente promedio. Mas cuando el expositor puede ilustrarlas con material apropiado, el sermón cobra vida debido a que los conceptos vertidos a través de esas ilustraciones crean un vínculo directo y trascendental con la vida y las necesidades de los oyentes. Cuando se usan ilustraciones el sermón no solo es más práctico, también es más atractivo.

DIFERENTES TIPOS DE ILUSTRACIONES

Existen diversos tipos de ilustraciones, aunque todas caen dentro de una de dos categorías: verbales y visuales.

1. Ilustraciones verbales

Hay decenas de ilustraciones verbales, las cuales pueden utilizarse en la predicación del sermón. Mencionaremos a continuación algunas de las más empleadas.

✓ *Símil.* Es una comparación expresa. Utiliza las palabras *semejante* o *como*. Enfatiza la analogía entre dos ideas, objetos, acciones, etc. Jesucristo utilizó constantemente el símil. Un buen ejemplo es: "¡Cuántas veces quise reunir a tus hijos, como reúne la gallina a sus pollitos debajo de sus alas, pero no quisiste!" (Mateo 23:37).

✓ *Metáfora.* Es una comparación no expresada. Por lo tanto, en las metáforas no se usan la palabras semejante ni como. En ellas, el sujeto y aquello con lo que puede ser comparado tienen algún punto semejante y están entrelazados. Como en el caso de los símiles, las metáforas son numerosas en la Biblia, y constituyen uno de los recursos retóricos literarios más utilizados para ilustrar en la enseñanza y predicación de Jesús. Solo en el sermón del monte empleó unas cincuenta y seis metáforas. Para muestra un ejemplo: "Vosotros sois la luz del mundo" (Mateo 5:14).

✓ *El suceso histórico.* Es una referencia a un hecho histórico de importancia local, nacional o mundial. Puede referirse a una batalla, un descubrimiento u otro ejemplo que se crea relevante.

✓ *Anécdota.* Una anécdota es una pequeña historia que tiene una moraleja, generalmente tomada de la vida personal, con elementos emotivos. La anécdota es muy utilizada en los púlpitos cristianos.

✓ **Incidente biográfico.** Es un episodio en la vida de un personaje. Puede ser de un líder religioso, un estadista, un científico u otro individuo cualquiera cuyo incidente contenga algunas lecciones espirituales relevantes.

✓ **Experiencia personal.** Es contar algo que le sucedió a uno mismo. Este es el mejor tipo de ilustración que hay. Cuando hablamos de algo que vivimos, el efecto de nuestras palabras en los oyentes es mayor, tal vez sea debido a la inflexión de la voz —puesto que lo cuenta con más vigor, aunque sin darse cuenta—, o por los gestos que hace al expresarse. Las ilustraciones personales son poderosas porque constituyen su propia experiencia, no la de alguien más. Sin embargo, aunque las ilustraciones extraídas de nuestra vida causan un impacto significativo en el oyente, debemos tener mucho cuidado al usarlas ya que las mismas pueden prestarse para desviar la atención del sermón y enfocarla más en la persona del predicador.

2. Ilustraciones visuales

Las ilustraciones visuales producen resultados asombrosos. Aunque el sermón sea claro e interesante, las ayudas visuales agregan claridad y persuasión. La gente retiene más una prédica si se usan ayudas visuales. F. B. Edge declara: "Se calcula que de un setenta a un noventa por ciento de lo que aprendemos llega a nuestra mente por medio de la vista".[11]

Por otro lado, una de las razones más poderosas por las que el predicador apela tanto a la vista como al oído es que la gente en la actualidad es mucho más visual que la de hace cincuenta años. En ese tiempo a la gente le atraía más la radio, pero la electrónica ha transformado la sociedad. Hoy, la gente es más visual; la televisión y la computación han progresado increíblemente en los últimos años. En la actualidad la gente prefiere ver antes que escuchar. Las ilustraciones visuales pueden variar en tamaño y forma. Las posibilidades son múltiples y allí es donde entra en juego nuestra creatividad. Desde una simple moneda hasta el uso de un proyector, el predicador debe aprovechar todo el material visual disponible para ilustrar de manera satisfactoria su discurso.

3. Ilustración multisensorial

Aunque los manuales de homilética tradicional dividen los tipos de ilustración en verbales y visuales, en la actualidad eso ha variado; ya que los manuales de predicación moderna incluyen un tercer tipo de ilustración: las ilustraciones multisensoriales.

Rick Blackwood, en su libro *El poder de la predicación y la enseñanza multisensorial,* nos dice que tanto las ilustraciones como la predicación deben involucrar no solo el sentido del oído sino todos los sentidos. Blackwood afirma que "a diferencia de la predicación, que estimula solo el sentido del oído, *la comunicación multisensorial estimula diversos sentidos, es decir, el oído, la vista, el tacto y, en ocasiones incluso, el olfato y el gusto"*.[12]

Según Blackwood las personas aprenden más cuando incorporan la integración a la comunicación verbal y visual. Blackwood indica que para que las personas aprendan con eficiencia deben pasar de una experiencia de aprendizaje monosensorial (solo el oído, por ejemplo) a una experiencia sensorial dual (oído y vista) y de una experiencia sensorial dual a una experiencia multisensorial (oído, vista, olfato y tacto). Blackwood defiende su tesis a través de un simple proverbio chino que dice:

Oigo y olvido.
Veo y recuerdo.
Hago y entiendo.

Aunque muchos no están de acuerdo con el postulado de Blackwood, creo que el uso de ilustraciones puede ser eficaz siempre y cuando el predicador sepa respetar los límites. Una ilustración multisensorial puede ayudar mucho, sobre todo cuando se habla a una congregación de niños y adolescentes. Recuerdo haber escuchado un sermón acerca de la festividad judía de la Pascua. El predicador basó su discurso específicamente en el símbolo del pan sin levadura. Cuando terminó su exposición, repartieron un pan sin levadura a cada uno de los asistentes al culto, con el compromiso de que lo comiéramos a la salida del templo. Ese sermón lo escuché hace veinte años, cuando apenas era un adolescente y todavía lo recuerdo claramente. Todo porque no solo escuché acerca del pan sin levadura, sino que también lo miré, lo toqué y lo comí.

FUENTES DE ILUSTRACIONES

¿Cuáles son algunas de las fuentes que podemos usar como predicadores para obtener ilustraciones frescas que inyecten vida y claridad al sermón? Mencionemos algunas.

La Biblia es un océano de ilustraciones. Sus historias son auténticas, creíbles y diversas.

---

1. Las vivencias personales

Cecilio Arrastía señala que: "Nada supera a la vida humana misma, a la experiencia cristiana, como surtidor de ilustraciones. La constante y variada expresión de la gracia de Dios, su presencia en el dolor y su dirección en la confusión, proveen elementos para reflexionar y esta reflexión es venero de ilustraciones".[13]

2. La Biblia

La Biblia es un océano de ilustraciones. Sus historias son auténticas, creíbles y diversas. Los relatos del Antiguo Testamento, la vida de grandes personajes bíblicos, las narraciones de los evangelios, las fascinantes historias del comienzo de la iglesia; ofrecen una fuente inextinguible de material ilustrativo.

3. Libros de ilustraciones

Los libros de ilustraciones son de gran apoyo a la hora de buscar una para el sermón. Existen diversos libros impresos tanto en inglés como en español, los cuales proveen una serie de ilustraciones que —en muchas ocasiones— son divididas por temas bíblicos. Entre los libros de ilustraciones en español podemos mencionar la *Enciclopedia de anécdotas e ilustraciones I y II*, compilada por Samuel Vila; *Ilustraciones perfectas*, compilado originalmente en inglés por Craig Brian Larson, también recomendamos el libro *Más de 1001 ilustraciones y citas de Swindoll*, compilado por el famoso escritor Charles Swindoll. Otro que merece nuestra mención es el libro titulado *En aguas refrescantes*, recopilado por Alice Gray, que nos muestra relatos e historia contados por predicadores como Max Lucado, Billy Graham, John MacArthur entre otros.

La lectura sistemática y organizada por parte del orador le proveerá de abundante material ilustrativo.

4. La lectura diaria

La lectura diaria del expositor es otra fuente inagotable de predicación. La lectura sistemática y organizada por parte del orador le proveerá de abundante material ilustrativo. El predicador debe leer con lápiz y papel en mano a fin de tomar nota y archivar algún pensamiento o ilustración que encuentre. La lectura de libros devocionales así como de teología, historia, filosofía, biografía, le dará al predicador abundante material ilustrativo fresco y muy valioso para la comunicación del mensaje divino. Especialmente debo enfatizar que la lectura diaria del periódico es de gran ayuda para la colección de material ilustrativo. Según dice Billy Graham, sus mejores ilustraciones las ha extraído de los recortes que obtiene al leer periódicos.

CONSEJOS EN CUANTO A CÓMO USAR LAS ILUSTRACIONES

Como hemos visto a través de este capítulo, las ilustraciones son un recurso útil para la comunicación de la verdad divina y para dar claridad y vida al discurso. Mas debemos tener cuidado pues una ilustración mal usada puede desvirtuar, menoscabar y hasta quitar la influencia que debe ejercer el sermón en los oyentes. Por consiguiente, es menester dedicar un espacio para analizar cómo usar las ilustraciones y el cuidado que debemos tener al usarlas.

Consejo número uno

Lo primero que debemos señalar es que al emplear las ilustraciones el predicador debe entender que ellas son un recurso para dar claridad al mensaje, pero que ellas *per se* no con el mensaje. En otras palabras, es el mensaje divino que es extraído de un estudio serio del texto lo que hemos sido llamados a proclamar, no una ilustración; por buena o conmovedora que esta sea. El predicador debe tener cuidado al elaborar su sermón en base a una u otra ilustración. Además, debe comenzar con el mensaje (la verdad) que desea comunicar, y posteriormente buscar o crear una ilustración que lo apoye.

Consejo número dos

Asegúrese de que la ilustración sea pertinente, es decir, que ilustre. Una ilustración que no arroja luz sobre el tema es solo una historia, una estadística o un ejemplo aislado. Los sermones no deben tener ilustraciones tan solo con la finalidad de contar una "buena historia". Con frecuencia se escuchan predicadores que alegan: "Esto no tiene nada que ver con el mensaje de esta mañana, pero me enviaron esta historia esta semana y quiero compartirla con ustedes". En lo personal, creo que esto es una pérdida de tiempo; tanto para el predicador como para la congregación; además de que también es una falta de respeto a la Palabra de Dios, la que merece todo el tiempo necesario para ser explicada y aplicada con poder a los oyentes.

Consejo número tres

Lo tercero que debemos tener claro es el hecho de que las ilustraciones deben ser utilizadas solo cuando sea necesario. Debemos usarlas con moderación y no abusar de ellas. Si un punto en el discurso es obvio y fácil de entender, es indiscutible que en este caso no se necesita una ilustración como tal. Por tanto, use las ilustraciones solamente cuando las necesite. Si utiliza tres, cuatro o hasta cinco (como lo he visto en algunos predicadores) es muy probable que el mensaje que desea comunicar quede eclipsado por la cantidad de relatos e ilustraciones que ha mencionado.

Debemos tener claro el hecho de que las ilustraciones deben ser utilizadas solo cuando sea necesario, y recuerde que las ilustraciones son las ventanas del sermón, no su fundamento.

Consejo número cuatro

Lo cuarto que deseo aconsejar es que al emplear ilustraciones es necesario percatarse de que las mismas sean breves y al punto. Las ilustraciones irrelevantes y extensas desvían el enfoque antes que fomentarlo. Una ilustración nunca debe tomar tiempo que el predicador necesita para explicar y aplicar el texto bíblico a los oyentes. Recuerde que las ilustraciones son las ventanas del sermón, no su fundamento.

Consejo número cinco

Cuente la ilustración en lugar de leerla. Si la referencia tiene tantos detalles, estadísticas y observaciones minuciosas que usted tiene que leer para que sea exacta, léala, pero hágalo bien y léala lo menos posible. Si lee una ilustración, la misma pierde su impacto. Si como expositor, usa un manuscrito para llevar al púlpito, trate por todos los medios de memorizar las ilustraciones aunque lea otras partes del discurso.

Consejo número seis

Tenga cuidado con ciertas ilustraciones. Los chistes, las experiencias humorísticas y las experiencias de los miembros de la congregación deben ser cuidadosamente seleccionados y presentados con mucho tacto y discreción. Por razones legales y de ética profesional no se deben mencionar asuntos que se nos hayan revelado en forma confidencial, especialmente durante la consejería. Debemos tener sumo cuidado. Recuerde que su propósito es transformar al oyente, no ofenderle.

CONCLUSIÓN

En verdad que hay mucho más que decir acerca del tema de la ilustración. Existen actualmente libros que lo tratan de manera amplia y analizando en detalles cada uno de los elementos que presentamos aquí. De los libros que existen sobre el tema recomiendo la lectura de *Cómo usar ilustraciones para predicar con poder,* escrito por el gran predicador y maestro de homilética Bryan Chapell; *El arte de ilustrar sermones,* escrito por Leslie Thompson, los que serán de gran ayuda para ampliar el conocimiento del tema.

Deseo concluir este capítulo con las palabras del gran predicador londinense Charles Spurgeon, que afirmara que: "Es feliz el predicador que encuentra una anécdota para el final de su sermón. Una historieta o ejemplo que haga viva y patente toda la enseñanza del mismo".[14]

GUÍA DE ESTUDIO

1. ¿Considera importante emplear ilustraciones en la exposición de los sermones?
2. Según el Dr. Osvaldo Motessi, ¿en qué consiste el desafío del predicador moderno?
3. Describa, en sus propias palabras, la manera en que Jesucristo empleaba las ilustraciones.
Mencione algunos de los principales propósitos de las ilustraciones en los sermones.
4. Describa algunas clases de ilustraciones que considere útiles.
5. ¿Cuáles son algunas de las fuentes de ilustraciones que usted emplearía al predicar?

Referencias:

1. Wayne Rice, *Ilustraciones inolvidables* (Miami, FL: Editorial Vida, 2010), p. 6.
2. Citado por Leslie Thompson, *El arte de ilustrar sermones* (Grand Rapids, MI: Editorial Portavoz, 2001), p. 150.
3. Robert Fulford. Citado por Kenton C. Anderson *Predicando con convicción* (Grand Rapids, MI: Editorial Portavoz, 2004), p. 79.
4. Leslie Thompson, p. 151.
5. E. G. White, *El deseado de todas las gentes*, p. 219.
6. E. G. White, *Palabras de Vida del Gran Maestro*, p. 11.
7. Jerry Stanley Key, p. 267.
8. Samuel Vila, *Manual de homilética* (Barcelona, España: Editorial CLIE, 1984), p. 157.
9. Citado en contraportada por Ekkehard Heise, *Manual de homilética*

narrativa (Barcelona, España: Editorial CLIE, 2005).

10. Harshael W. York y Bert Decker, *Preaching with Bold Assurance* (Nashville, Tennessee: B&H Publisher, 2003), p. 153.

11. Citado por Oscar Hernández, *Con la Biblia en mis manos* (Miami, FL: APIA, 2000), p. 161.

12. Rick Blackwood, *El poder de la predicación y la enseñanza multisensorial* (Miami, FL: Editorial Vida, 2011), p. 13.

13. Cecilio Arrastía, *Teoría y práctica de la predicación* (Nashville, TN: Editorial Caribe, 1993), p. 151.

14. Citado por Samuel Vila, p. 162.

CAPÍTULO 9

PREDIQUE CON LIBERTAD: CLAVES PARA LA COMUNICACIÓN EFECTIVA

La preparación del sermón es apenas la mitad de la tarea del expositor; la otra mitad consiste en predicarlo con éxito. Se ha dicho que una prédica no es tal cosa hasta que haya sido predicada. En otras palabras el bosquejo o manuscrito solo se convierte en sermón cuando se predica. Así lo expresó Wayne V. McDill cuando escribió que: "La idea del sermón no es un sermón. El bosquejo del sermón no es un sermón. El manuscrito del sermón no es un sermón. El sermón solo llega a existir en un momento, cuando se predica".[1]

Sí, la preparación del sermón es importante ya que la misma comprende la teoría y la inspiración que le dan forma al mensaje. Mas la segunda parte —que es la comunicación del discurso—, al igual que la primera, es de vital importancia. Sin embargo, por desdicha, se le ha dado más prioridad a la parte teórica de la elaboración de la homilía, mientras que a la segunda parte —o sea, la parte práctica de la entrega y la comunicación del sermón— a menudo se la ha descuidado, pese a ser la más importante desde el punto de vista del oyente.[2]

En los capítulos anteriores hemos tratado el aspecto teórico de la predicación: cómo preparar un sermón. Ahora consideramos cómo predicarlo o comunicarlo eficazmente. En los capítulos anteriores caminamos paso a paso el proceso que nos permitió arreglar de manera satisfactoria el sermón. En este capítulo, ofreceremos algunas claves útiles y sencillas acerca de cómo comunicar nuestros sermones de manera más efectiva y eficaz.

PROCESO COMUNICATIVO

Antes de abordar las claves sobre la presentación efectiva del sermón, es necesario que dediquemos un espacio a discutir la relación que existe entre la comunicación y la predicación; ya que predicar, como lo hemos venido discutiendo a través de este libro, es comunicar de forma oral el mensaje divino.

La comunicación es el proceso mediante el cual se puede transmitir información de una entidad a otra. Por su etimología, la palabra deriva del latín *communicare,* que significa "compartir algo". Tradicionalmente, la comunicación se ha definido como "el intercambio de sentimientos, opiniones o cualquier otro tipo de información mediante el habla, escritura u otra clase de señales".[3]

Según los eruditos todas las formas de comunicación requieren un *emisor,* un *mensaje* y un *receptor.* El *emisor* es quien emite el mensaje, puede ser una persona o no. El *receptor* se define como el sujeto de la comunicación que recibe la información y el *mensaje* es lo que se quiere compartir o comunicar. En el caso particular de este libro, identificamos al emisor con el expositor o predicador; al mensaje con el sermón y al receptor con la audiencia a la cual se destina el sermón.

El proceso comunicativo —como se le llama a la acción de comunicarse— implica la emisión de señales (sonidos, gestos o señas, etc.) con la intención de dar un mensaje. Para que la comunicación sea exitosa, el receptor debe contar con las habilidades que le permitan decodificar el mensaje e interpretarlo. Una vez recibido, el receptor decodifica el mensaje y proporciona una respuesta al emisor.

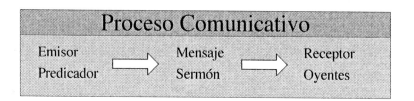

Sin embargo, para que la comunicación o proceso comunicativo se lleve a cabo en forma óptima, todos los elementos que participan —entiéndase: *emisor, mensaje y receptor*— deben estar operando bien. Basta que uno falle para que el proceso entero fracase. Por ejemplo, si el emisor no se expresa con claridad o trasmite algo distinto de lo que en realidad quería comunicar, el proceso de comunicación se verá afectado y destinado al fracaso. Por otro lado si el receptor no capta el mensaje por estar desconcentrado, distraído o somnoliento, no comprenderá el mensaje que se le está enviando, aunque todos los elementos de la comunicación estén operando bien. Así que, para que el proceso comunicativo no se vea afectado, es necesario que el emisor exprese el mensaje de manera apropiada y que el receptor reciba de manera franca los mensajes que se le están dirigiendo.

Por otro lado, para que el proceso comunicativo no se vea afectado, es necesario que tanto el emisor como el receptor entiendan que el mensaje puede ser comunicado y recibido de manera *verbal* y de manera de *no verbal*. La comunicación verbal consiste en el uso de sonidos, en el caso de la predicación —en el uso de la voz—; mientras que la comunicación no verbal se define como "los mensajes no orales, expresados por otros medios que no sean los lingüísticos".[4] En la comunicación verbal, el emisor se comunica a través de la voz; mientras que en la comunicación *no verbal*, el emisor se comunica a través de los gestos, actitudes y ademanes; y expresa lo que desea comunicar en el rostro, la mirada, el movimiento de las manos, los pies, todo aquello que no sea la voz pero que, al final, habla de la misma manera.

Es muy interesante saber, aunque parezca contraproducente, que solo el siete por ciento del mensaje que se desea comunicar se da mediante las palabras. Según A. Mehrabian, cuando nos comunicamos, el 7% lo compone el mensaje verbal; el 38% el tono de la voz; y el 55% el mensaje corporal, que incluye gestos y expresiones.[5] Esto es increíble y a simple vista revela dos cosas importantes que como predicadores debemos tener en claro. Primero, que la comunicación depende de mucho más que solo el uso de palabras. Segundo, que la manera como el emisor —en este caso el predicador— se dirige al grupo, junto con su ropa, sus gestos, su postura, su sonrisa y el contacto visual determinan el 55% del impacto causado en el receptor o en el oyente.

Es muy interesante saber, aunque parezca contraproducente, que solo el siete por ciento del mensaje que se desea comunicar se da mediante las palabras.

Siendo que tanto la comunicación verbal como la no verbal son de suma importancia a la hora de comunicarnos, el predicador debe tener claro cuáles son las claves que le permitirán usar con efectividad tanto la una como la otra. Al tener en cuenta las claves que le permitirán comunicar con efectividad su discurso, el orador estará de manera consciente derribando los obstáculos que se interponen entre el oyente y su persona.

A continuación permítame darle unas claves útiles y sencillas para comunicar sus sermones de manera eficaz.

CLAVES PARA LA COMUNICACIÓN EFECTIVA DEL SERMÓN

Primera clave: analice su audiencia. Lo primero que el predicador debe preguntarse antes de comunicar su sermón es: ¿A qué tipo de audiencia me voy a dirigir? Específicamente, ¿a qué tipo de público voy a predicar? Existen diversos análisis que el predicador puede usar para conocer su público pero, en lo personal, creo que de entre todos existen tres que brindan al predicador suficiente información acerca de la audiencia a la cual desea comunicar su mensaje. Estos tres análisis son el teológico, el demográfico y el de perfil.

1. *Análisis teológico.* Tiene como objetivo identificar la situación espiritual del público. Ejemplo, ¿Cuántos de los oyentes son o no creyentes nacidos de nuevo? ¿Qué grado de interés tienen en las cosas espirituales? ¿Cuántos asisten regularmente a la iglesia?

2. *Análisis demográfico.* Quizás este sea el más importante que el predicador pueda hacer de su audiencia. A través del análisis demográfico, el expositor podrá identificar la edad promedio de su audiencia, el género, qué porcentaje es masculino, qué porcentaje es femenino, diferencia racial y étnica, grado de educación y, por último, el estatus socioeconómico promedio de su audiencia.

3. *Análisis de perfil.* En este análisis el predicador podrá definir al público como: formal, informal, difícil, fácil, receptivo, cerrado, complicado, sencillo, interesante, aburrido, atento, prepotente, intimidante, amigable, despierto, interesado... A través del análisis de perfil el expositor se dará cuenta de a qué tipo de público se está dirigiendo y cuál será la respuesta posible a su predicación.

Segunda clave: cuide su primera impresión. Antes que el predicador pronuncie la primera palabra o que se presente ante la audiencia, los oyentes ya se han formado una imagen positiva o negativa sobre él. La primera impresión que el orador dé a su audiencia influirá en el grado de aceptación que esta tenga de su persona y, por ende, de su predicación. Recuerdo que cuando estudiaba en el seminario de teología, en una ocasión invitaron a un orador a dirigir la semana de avivamiento para los estudiantes de todo el campus universitario. Cuando este entró al salón, estaba un tanto desconcertado y se notaba muy nervioso. Su rostro denotaba preocupación, parecía que no le habían explicado muy bien a qué público se dirigiría. Su primera impresión fue muy pobre, lo cual influyó para que su predicación no surtiera el efecto deseado. Un compañero de estudio que estaba sentado a mi lado, al mirar al predicador posteriormente tratando de ganar la atención y el interés de los estudiantes, dijo que "no existe una segunda oportunidad para una primera impresión".

Antes que el predicador pronuncie la primera palabra o que se presente ante la audiencia, los oyentes ya se han formado una imagen positiva o negativa sobre él.

"Que los individuos acepten o no la verdad —escribió Mark Finley— depende de cómo se sientan con respecto a usted y con cuánta claridad les revele esa verdad".[6] La primera impresión que damos a los oyentes abre o cierra el proceso de la comunicación. Por consiguiente, es necesario por todos los medios brindar una buena impresión, ya que si la primera impresión le resulta desagradable el oyente cerrará su mente al mensaje del orador.

Pero, ¿cuáles son los elementos a tomar en cuenta para brindar una buena impresión? Según Calvin Miller, experto comunicador y excelente predicador, existen tres elementos que influyen en la primera impresión; ellos son: la vestimenta, la apariencia personal y la postura.

1. *La vestimenta.* Se han hecho varias investigaciones relacionadas con la influencia que la forma en que vestimos ejerce sobre la manera en que somos tratados. Sorprende saber que la ropa que usamos determina en gran medida el concepto que los demás se forman de nosotros. Según algunos escritores, la ropa que vestimos comunica varios tipos de mensajes: nivel económico, nivel académico, confianza, posición social, grado de sofisticación, posición económica, antecedentes económicos, académicos, nivel de éxito, carácter. La ropa que usamos es esencial en la comunicación, en especial porque las primeras impresiones son, por lo general, perdurables.[7] Una regla básica en el arreglo y el vestido del predicador —según Haddon Robinson— es que deben ajustarse al público, la circunstancia y al propio expositor. Robinson aconseja que: "Los trajes tienen que lucir limpios y planchados. Las mangas del pantalón deben cubrir las piernas, los bolsillos no tienen que estar atestados de una colección de lapiceros, espejuelos y billetes. Una camisa limpia debe ir acompañada de una corbata adecuada. Los pañuelos expuestos no deben estar arrugados y si se llevan en los bolsillos, deben estar limpios".[8]

2. *La apariencia personal.* Oscar Hernández, hablando sobre la apariencia personal del orador, nos dice que: "El predicador debiera proyectar una imagen de limpieza y cuidado personal. Su cabello debe estar recortado y bien peinado, sus uñas limpias y recortadas, su ropa limpia y planchada. Antes de ponerse detrás del púlpito, el predicador debe

afeitarse, cepillarse los dientes, arreglarse el bigote (si lo usa), lustrar sus zapatos y mostrar a sus oyentes todo el respeto que merecen, asegurándose de no ser ofensivo en ninguna manera".[9]

3. *La postura.* Es importante que el expositor adopte la postura correcta ante sus oyentes. Dice el Dr. Debrand que: "La gente también nota cómo nos sentamos y nos paramos antes de ponernos de pie detrás del público. La mayor parte del mobiliario ubicado en la plataforma es extremadamente incómodo. Sin embargo, deberíamos sentarnos derechos en el asiento, nunca relajados ni nerviosos... Cuando nos ponemos de pie para la oración o para cantar, parémonos erguidos, ni rígida ni relajadamente, sino natural y confortablemente. Estamos siendo observados. La modestia y el decoro deben mantenerse presentes todo el tiempo".[10]

Tercera clave: establezca una relación con los oyentes. John C. Maxwel, famoso escritor y gran orador cristiano, nos dice en su libro *El poder de las relaciones*: "Cada vez estoy más convencido de que para tener una buena comunicación es necesario establecer una relación con el interlocutor".[11] Los eruditos de la comunicación identifican este tipo de relación con el interlocutor o receptor como "conexión" y dicen que la relación o conexión es una especie de "clic" que se logra entre quien habla y el que está sentado para escucharlo. La relación o conexión con el oyente es tan importante que los maestros de la comunicación dicen con frecuencia que "sin conexión, no hay comunicación".[12]

Ahora bien: ¿cómo logramos crear una conexión con los oyentes? Existen dos maneras a través de las cuales podemos hacer esa conexión. La primera es permitiendo que los oyentes nos conozcan y, segundo, desarrollando un tema en el cual los oyentes tengan algún interés.

Sé que para la mayoría de nosotros es fácil buscar algún tema de interés a fin de crear una conexión con los oyentes. Tal vez la parte más difícil sea permitir que los oyentes nos conozcan. Debo decir antes de continuar que, cuando me refiero a que los oyentes nos conozcan, no digo que en cada discurso estaremos diciendo cosas de índole personal, más bien me refiero a tratar de buscar un terreno común con los oyentes que permita que nos conozcan. No es un secreto que la mayoría de las personas conciben a los predicadores como personas que están ajenas al acontecer del mundo contemporáneo. Tanto jóvenes como adultos piensan que los predicadores viven en una especie de retiro espiritual eterno, donde su única compañía son los libros y las notas de sus discursos. Y esto se debe, en parte, a que muchos predicadores se han dado a la tarea de presentarse como inaccesibles, envueltos en un misterio e imposibles de conocer.

Mas cuando como predicadores identificamos un terreno común, el que compartimos con los oyentes, y decidimos comunicarnos con ellos, se creará una relación que —de manera automática— conectará al oyente no solo con nosotros sino también con nuestro sermón.

Cuarta clave: sea auténtico. La autenticidad es la forma de expresión y comunicación que muestra los rasgos diferenciadores de las personas, tal como son en sí mismas. Cuando hablamos de autenticidad en la predicación, se debe entender que el predicador no debe estar copiando ni actuando el papel de otro orador. Imitar es limitarse y la imitación nunca se aprecia tanto como la originalidad. Sonia González, hablando de la autenticidad en la comunicación, nos dice que: "solo los comunicadores auténticos logran impactar y romper los esquemas. Es su propia capacidad de ser genuinos la que los saca del molde y los lleva a dejar una impresión contundente en cada público".[13]

Quinta clave: Sea claro. Es notable que la necesidad primordial para conseguir una buena comunicación sea la claridad. El que no entiende algo y no lo tiene claro en su mente no podrá comunicarlo con refulgencia. La terea del predicador es simplificar y aclarar todo concepto para que los oyentes puedan entenderlo. El predicador que no es entendido por sus oyentes no está comunicando. "Se puede decir que habla con claridad una persona que dice en la menor cantidad de palabras posibles, con mucha sencillez, pero con gran profundidad, todos sus mensajes. Con el efecto inmediato de ser entendido por todo el auditorio. Sin complicaciones ni confusiones".[14]

Sexta clave: Sea sencillo. La sencillez es una virtud de los grandes. Los expositores y predicadores que logran efectos mayores son muy sencillos en el planteamiento de sus ideas. Evite por todos los medios usar palabras que sus oyentes no sean capaces de entender. Tal cosa no es indicio de una inteligencia superior, sino de una lamentable falta de sentido común.

Mientras menos notas use el predicador, más directa y espontánea será la comunicación.

Séptima clave: Sea espontáneo. Uno de los elementos de la buena comunicación es el contacto visual. El predicador debe, tanto como sea posible, mirar directamente a la gente. Debe concentrarse en las personas más que en sus notas. El orador que lee su discurso de manera mecánica sin mirar a la gente, comete una de las faltas más graves en la exposición. Cuando el predicador presta atención más a su bosquejo o manuscrito que a sus oyentes, pierde la espontaneidad. Los oyentes contemporáneos esperan que el predicador les hable de manera directa y honrada, como alguien que conversa con ellos y no con la formalidad que se reconoce comúnmente en la predicación. Si hemos de llevar algún manuscrito al púlpito se recomienda un pequeño bosquejo capaz de entrar en una página. Mientras menos notas use el predicador, más directa y espontánea será la comunicación.

CONCLUSIÓN

Las claves presentadas en este capítulo serán de gran ayuda para comunicar con efectividad y eficacia nuestros sermones. Pero las mismas no serán de ninguna utilidad a menos que las llevemos a la práctica. La predicación eficaz requiere práctica. Con el fin de ayudarle, le ofrezco algunas sugerencias.

- Para adquirir mayor libertad en la comunicación, ensaye frente al espejo. El ensayo mejora su estilo. Ensayar frente al espejo le ayuda a medir su propio nivel de ánimo y energía.

- Cualquier oportunidad que tenga para observarse en grabaciones de video, también le servirá para aumentar la eficacia de su comunicación.

- Provea algunas grabaciones en audio a amigos y colegas para que le hagan una evaluación sincera de su predicación.

- Internalice su discurso en vez de memorizarlo y trate por todos los medios posibles de llevar la menor cantidad de notas al púlpito.

- Por último, predique con precisión, con claridad, relevancia, energía y dinamismo. De esa manera, tan pronto termine, cada persona dirá en su corazón: "Hemos escuchado el mensaje de Dios".

GUÍA DE ESTUDIO

1. De acuerdo a lo expuesto en este capítulo, ¿cuáles son las partes que componen el proceso de la comunicación?
2. ¿En qué consisten la comunicación verbal y la no verbal? Explique.
3. ¿Considera relevante conocer la situación espiritual de las personas de la audiencia?
4. ¿Qué piensa usted acerca de la vestimenta, la apariencia personal y la postura del predicador? Explique.
5. ¿Cómo establece usted una relación con los oyentes de su sermón?

Referencias:

1. Wayne V. McDill, *The Moment Of Truth* (Nashville, Tennessee: B&H Publishers, 1999), p. 7.
2. Jilton Moraes, p. 188.
3. *www.Wikipedia.org/wiki/comunicacion.*
4. Ronald Adler y George Rodman, *Understanding Human Comunication* (New York: Rinehart and Winston, Inc., 1982), p. 103
5. Oscar Hernández, *Con la Biblia en mis manos* (Miami, FL: APIA, 2000), p. 172.
6. Mark Finley, *Asientos mullidos o puertas abiertas* (Buenos Aires, Argentina: Casa Editora Sudamericana, 1984), p. 70.
7. Warren Thourlby, *You Are What You Wear* (New York, New American Library, 1978), p. 1.
8. Haddon W. Robinson, *La predicación bíblica* (Miami, FL: Logoi, 2000), p. 202.
9. Oscar Hernández, p. 168.

10. Roy Debran, *Handbook of Contemporary Preaching* (Nashville, Tennessee, Broadman Press, 1992), p. 399.

11. John C. Maxwell, *El poder de las relaciones* (Nashville, Tennessee: Grupo Nelson, 2010), p. 5.

12. Sonia González A., *Habilidades de comunicación hablada* (Nashville, Tennessee: Grupo Nelson, 2011), p. 107.

13. Sonia González A., p. 33.

14. *Ibíd.*, p. 49.

APÉNDICE A

ESTRUCTURAS SERMONARIAS, IMPORTANCIA Y EJEMPLOS

En el capítulo seis tratamos el paso número ocho en la preparación del sermón y concluimos que el expositor debe moldear su discurso siguiendo un modelo deductivo o inductivo. También indicamos que existen diferentes modelos sermonarios o estructuras que pueden ser usados para moldear el sermón. En este primer apéndice analizaremos la importancia de usar diversas estructuras o modelos sermonarios. También mostraremos varios ejemplos de ello.

ESTRUCTURAS SERMONARIAS: SU IMPORTANCIA

A un pastor que predica frecuentemente a la misma congregación, le será muy útil cambiar de estructura de vez en cuando, para tener nuevos elementos de interés y sorpresa. Si estructura el sermón de la misma manera todo el tiempo, la congregación sabrá de antemano como los abordará el predicador y cómo desarrollará el tema. Esto hará que el sermón pierda interés y suspenso. La variedad es provechosa para el predicador y para sus oyentes.

Hablando sobre la importancia de usar diferentes modelos sermonarios, Y. G. Sweazey señala: "Un orador que tiene la misma audiencia cada siete días, debe tener una amplia variedad de estructuras a fin de mantener sus sermones frescos... ninguna congregación querrá un perico en el púlpito".[1]

Si usamos la misma estructura sermonaria semana tras semana, restaremos interés, impacto y suspenso al discurso. Por el contrario, un cambio de estructura ayudará al predicador a inyectar variedad al programa de predicación de la iglesia.

A continuación presentamos algunos diseños a seguir a fin de estructurar el sermón de una manera que sea fiel al texto y relevante para el oyente.

EJEMPLOS DE ESTRUCTURAS SERMONARIAS

1. Sermón tradicional

El primer ejemplo que deseo analizar es el que se conoce como modelo tradicional. Este es el más usado en las iglesias y como patrón a seguir en la mayoría de los tratados de homilética. El modelo tradicional es deductivo y se desarrolla de la siguiente forma.

Título.
Texto.
    I.   Introducción
          A. Proposición (gran idea) y frase transicional
    II.   Cuerpo y divisiones
    III.   Conclusión

EJEMPLO DE SERMÓN TRADICIONAL

Título   Cómo luchar con la tentación[2]
Texto   Mateo 4:1-4.

Introducción
1. La tentación a pecar es nuestra común realidad.

148

2. La tentación victoriosamente resistida, puede ser un medio de bendición espiritual.

Proposición (gran idea)
1. La tentación puede ser victoriosamente resistida (Interrogante: ¿Cómo se puede resistir la tentación?)

Transición. Así como nuestro Señor resistió, debemos cumplir las siguientes condiciones:

Cuerpo
I.   Debemos conocer la Palabra de Dios
II. Debemos creer la Palabra de Dios
III. Debemos obedecer la Palabra de Dios

Conclusión
Si nosotros, como Cristo en el desierto, conocemos, creemos y obedecemos la Palabra de Dios, saldremos vencedores.

Notemos que el sermón tradicional tiene varias características distintivas. Primero, la gran idea es presentada en la introducción. Segundo, casi siempre —salvo algunas excepciones— está divido en tres puntos. Y, por último, sigue un orden aliterado (note que en el bosquejo anterior cada punto inició con la palabra "debemos").

2. Modelos inductivos
La predicación inductiva nos llama a abandonar el bosquejo homilético tradicional y nos invita a desarrollar nuevas opciones sermonarias.

"Quienes desean diseñar sermones inductivos deberán comenzar su discurso con una introducción interesante y llamativa. Dicha introducción debe levantar preguntas, presentar opciones o plantear dilemas. También puede narrar una historia o una anécdota relacionada al tema. En el sermón inductivo, la introducción es un "gancho" que intenta cautivar la atención de la audiencia. De más está decir que, aunque no se anuncie explícitamente el tema central del sermón, la introducción deberá estar íntimamente relacionada con el tema o proposición de la ocasión. El cuerpo del sermón inductivo puede desarrollarse de diversas maneras. Aunque puede dividirse en hasta cinco secciones, se recomienda que el cuerpo de la mayor parte de los sermones inductivos tenga solo dos. El tema o la proposición del sermón se indicará al final del cuerpo del sermón o en una breve conclusión".[3]

Los maestros de homilética han sugerido diversas maneras de estructurar un sermón deductivo. Por ejemplo, Fred B. Craddock proporciona una lista de estructuras que pueden ser usadas para moldear un sermón inductivo. Tomaré algunas de ellas para comentar.[4]

1. **Problema / Solución:** La primera parte de este sermón plantea un problema, mientras que la segunda ofrece recomendaciones para solucionarlo.

2. **Lo que no es / Lo que es:** En su primera parte, este sermón descarta una opción. En la segunda, presenta la alternativa correcta.

3. **Promesa / Cumplimiento:** Este tipo de sermón explora las diversas promesas contenidas en las Escrituras e indica como se han cumplido en la historia del pueblo de Dios.

4. **Ambigüedad / Claridad:** El propósito de esta forma sermonaria es aclarar las dudas que pueda tener nuestra audiencia sobre algún tema.

5. **Del presente / Al pasado / Al presente:** La primera parte de este discurso explora algún aspecto de nuestra vida actual. La segunda examina lo que dicen las Escrituras sobre ese tema. La tercera regresa al presente, exhortándonos a poner en práctica las enseñanzas de la Biblia.

6. **Esta premisa es correcta / Y esta / Y esta:** Esta forma sermonaria puede ser usada cuando se desea afirmar varios puntos importantes de un texto o tema bíblico.

7. **Explore / Explique / Aplique:** Este tipo de sermón nos permitirá estudiar un tema para profundizar, recalcando sus implicaciones prácticas para la iglesia.

3. Modelo narrativo

Podemos definir el modelo narrativo como "aquel que presenta el mensaje de un texto bíblico por medio de la narración. Es decir, este sermón transmite el mensaje del evangelio por medio de la historia".[5]

La predicación narrativa despierta gran interés en los oyentes debido a que nada despierta tanto nuestros sentimientos y nuestra conciencia como una buena historia. Las historias tratan temas de la vida y sus complejidades, cosas con que todos podemos identificarnos.

Por otro lado, la Biblia está repleta de material histórico. El Antiguo Testamento trata mayormente acerca de personajes, familias y países que vivieron eventos sobresalientes en su relación con Dios. El Nuevo Testamento también contiene muchas historias. Ejemplo de ello son los evangelios, los cuales cuentan la vida de Jesús desde una óptica narrativa. También el libro de los Hechos de los Apóstoles, cuyo relato contiene la historia de los discípulos del Señor y de la iglesia naciente. H. Davis, hablando sobre el uso de la narrativa en las Escrituras, nos dice que: "Nueve décimas de nuestra predicación actual está compuesta de exposición verbal y argumentos; sin embargo, ni siquiera una décima parte del evangelio es una exposición. Sus ideas se presentan, mayormente, en forma de historia".[6] El modelo narrativo persigue sobre todo "involucrar a la audiencia en la narración, de tal manera que pueda identificarse con la historia, experimentando así el mensaje del texto".[7] Según Pablo Jiménez,[8] el sermón narrativo tiene cuatro secciones principales. Ellas son:

1. *Marco escénico:* En esta sección se presentan los personajes principales de la historia y se describe el ambiente en el cual se desarrolló la acción.

2. *Trama:* La trama comienza cuando se describe el problema, el conflicto o la discrepancia que le dará pie a la acción.

3. *Punto culminante:* Es el momento en que la tensión narrativa llega a su punto más alto.

4. *Desenlace:* Es el punto en que el problema se resuelve, sea de manera positiva o negativa, y se disipa la tensión narrativa.

EJEMPLO DE SERMÓN NARRATIVO

Texto: Ester 1-10.

I. **Marco escénico:** Los personajes principales de la historia son el rey Asuero, Ester, Mardoqueo y el malvado Amán. En ese marco se desarrolla una historia de angustia, ya que se estaba planeando la ejecución del pueblo de Dios.

II. **Trama:** Amán el malvado influye en el rey Asuero para que dicte un decreto de muerte contra todos los judíos que vivían en Susa, la capital del reino (Ester 3:15).

III. **Punto culminante:** Ester y Mardoqueo están dispuestos a sacrificar hasta su propia vida a fin de librar al pueblo de Dios de la trampa gestada por Amán (Ester 4:16)

IV. **Desenlace:** El edicto que había sido firmado para acabar con el pueblo judío sirvió para destruir a sus más terribles enemigos. Y gracias a la valentía de Ester y Mardoqueo, a los judíos "la tristeza se les cambió en alegría y el luto en día bueno" (Ester 9:22).

4. Modelo YNDTN.

Este modelo o estructura sermonaria ha sido presentada por Andy Stanley en su libro *Comunicación: La clave para lograr cambios duraderos*. Según Stanley, el sermón debe estructurarse siguiendo el patrón dado a continuación:

YO ——————— NOSOTROS ——————— DIOS ——————— TÚ
NOSOTROS[9]

Orientación ——————— Identificación ——————— Iluminación
Aplicación ——————— Inspiración

YO
Primero, el predicador introduce un dilema que ha enfrentado o está enfrentando actualmente.

NOSOTROS
En esta sección el predicador debe encontrar un terreno común con su audiencia alrededor del mismo dilema o de uno similar.

DIOS
Luego el predicador se va al texto bíblico para descubrir lo que Dios dice acerca de la tensión o la pregunta que usted como expositor ha introducido.

TÚ

Después de saber lo que Dios dice, usted desafía a su audiencia a actuar de acuerdo a lo que acaba de escuchar.

NOSOTROS

Y, finalmente, concluya con varias declaraciones acerca de lo que podrá pasar en su comunidad, en su iglesia o en el mundo, si todos abrazaran esa verdad particular.

A fin de apreciar la estructura YNDTN permítame presentar el ejemplo de sermón tal como lo muestra Stanley en su libro.

EJEMPLO DE SERMON YNDTN

INTRODUCCIÓN

YO — A veces me pregunto cómo debería responder a las situaciones en mi matrimonio.

NOSOTROS — Imagino que usted también se ha encontrado en situaciones en las que no sabía qué hacer con seguridad.

CUERPO

DIOS — La Biblia enseña que debemos someternos uno al otro; que debemos poner las necesidades y los deseos de nuestro cónyuge antes que nuestros propios deseos y necesidades.

TÚ— La próxima vez que no sepa decir o qué hacer, formúlese esta pregunta: "¿Cómo puedo poner los deseos y las necesidades de mi cónyuge antes que los míos en este momento?"

CONCLUSIÓN

Conclusión: En el matrimonio, la sumisión casi siempre es la mejor decisión.

NOSOTROS — Imagínese lo que pasaría en nuestra comunidad si todos empezáramos a mostrar esa clase de sumisión mutua delante de nuestros amigos y vecinos.

CONCLUSIÓN

Los modelos sermonarios anteriormente mencionados son algunos de los muchos que pueden emplearse para moldear el discurso de forma atrayente e interesante para el oyente. Sé que no será fácil dejar a un lado, en algunas ocasiones, el sermón tradicional o la estructura deductiva. Permítame decirle que no tiene que dejar de usarla. Antes bien, el propósito de este primer apéndice es animarlo a usar otras estructuras para modelar su discurso. Haga el experimento e incluya en su calendario de predicación la presentación de un sermón narrativo o uno deductivo, siguiendo uno de los modelos sugeridos por Craddock. Si así lo hace, su congregación estará más atenta y esto añadirá a su sermón más interés y suspenso.

Referencias:

1. Oscar Hernández, *Con la biblia en mis manos* (Miami, FL: APIA, 2000), p.118.

2. Charles Koller, *Expository Preaching Without Notes* (Grand Rapids, MI: Baker Book House, 1962), pp. 74-75.

3. Pablo Jiménez, *La predicación en el siglo XXI* (Barcelona, España: Editorial CLIE, 2009), p. 160-161.

4. *Ibíd.*, pp.161-162.

5. *Ibíd.*, p. 163.

6. H. Grady Davis, *Design for preaching* (Philadelphia, PA: Fortress Press, 1958), p. 21.

7. Pablo Jiménez, *ibíd.*, p. 164.

8. *Ibíd.*

9. Andy Stanley, *La comunicación* (Buenos Aires, Argentina: Editorial

APÉNDICE B

EL PROBLEMA DE LOS SERMONES LARGOS

La comunicación moderna se caracteriza por ser "económica"; es decir, que las ideas tienen que ser presentadas de forma que puedan ser comprendidas con un mínimo de esfuerzo mental. La multiplicación de la velocidad comunicativa del ser humano hace necesario que esta sea rápida y breve. Las informaciones que en el pasado tardaban días para difundirse hoy están al alcance de un "clic" en la computadora.

Esta multiplicación de la velocidad comunicativa exige que el predicador exprese adecuadamente lo que tiene que decir. Quien quiera comunicar su mensaje eficazmente no tiene otra alternativa que ir al punto: ser breve, claro y conciso.

Entre las fallas que debemos corregir a fin de ser comunicadores eficaces están los "sermones largos". Algunos piensan que mientras más largo sea el sermón, más profundo e interesante lucirá, cuando en realidad es todo lo contrario. Los sermones largos, tal como afirma Floyd Bresee, "evidencian un problema inconsciente de ego. Presumimos que si se nos escucha, somos más interesante que cualquier otra persona".[1]

PROBLEMAS DE LOS SERMONES LARGOS

El predicador relevante no sacrificará la persuasión con solo ampliar su sermón. Estará consciente de que "un sermón corto no es señal de poca profundidad, ni un sermón largo de mucha profundidad".[2] Lamentablemente, muchos predicadores tienen el hábito de predicar "sermones kilométricos" que se extienden por una hora o más. Esto ocasiona una serie de problemas.

Primero, los sermones largos cansan al predicador. Elena G. White advierte: "Al dirigirse a una congragación, no hablen demasiado tiempo; porque si lo hacen, fatigarán en extremo los delicados órganos puesto en acción".[3]

Segundo, los sermones largos cansan a los oyentes. La sierva del Señor nos dice: "Los sermones largos no hacen bien, porque tanto el orador como los oyentes se cansan".[4]

Tercero, los sermones largos son difíciles de digerir. En *Testimonio para los ministros* se dice: "Nuestros ministros se equivocan al hablar tanto tiempo, pues deshacen la primera impresión que ejercen sobre sus oyentes. Se le presenta tanto material, que no pueden retener no digerir, de modo que todo le resulta confuso".[5]

Cuarto, los sermones largos hacen perder el interés religioso. En *Testimonios para la iglesia* se afirma que "los discurso largos y las oraciones tediosas son especialmente dañinas para el interés religioso, y no llevan convicciones a la conciencia del pueblo".[6]

Los sermones largos agotan al predicador; cansan a la congregación; son difíciles de digerir; y, por si fuera poco, son dañinos al interés religioso, haciendo que muchos abandonen los cultos y regresen a sus casas peor que cuando llegaron.

ANÁLISIS DE LOS SERMONES BÍBLICOS

La predicaciones apostólicas registradas en el libro de los Hechos son cortas y precisas (véase los capítulos 2, 3, 7, 10, 13, 20, 22, 24 y 26). La predicación más larga del Nuevo Testamento es el sermón del monte predicado por Jesús, registrado en Mateo. Este se puede leer en unos 20 a 30 minutos.

La única excepción a este patrón de mensajes breves está en Hechos 20:7, el famoso texto que relata cómo Pablo predico en Troas hasta la medianoche. Algunos utilizan este texto como un aval para alargar sus sermones. Sin embargo, es interesante notar que la versión Reina Valera de la Biblia traduce el termino griego *dialegomai* como "ensenar"; mientras que otras versiones más modernas, como la Biblia de Jerusalén- que se apega más al texto original- traduce este verbo como "conversar". Esto reafirma lo que dice el *Comentario bíblico Adventista* al respecto: que la disertación de Pablo "debe haber tenido más bien la forma de un dialogo o conversación. *Evidentemente no fue una reunión regular de la iglesia acompañada de un sermón, sino más bien una reunión familiar en la cual él dialogó y conversó para contestar preguntas y eliminar dificultades entre los cristianos de Troas, y para impartir instrucciones".*[7]

Queda claro entonces que lo que se describe en Hechos 20:7 no es una reunión regular de la iglesia apostólica acompañada de un sermón, sino un encuentro de gozo y compañerismo cristiano. En vista de que el apóstol Pablo estaba a punto de dejarlos, las preguntas y respuestas se extendieron más allá de lo normal.

LA DURACIÓN DEL SERMÓN

¿Cuál es el tiempo ideal para la duración de un sermón? Los analistas y estudiosos del tema de la predicación aconsejan que lo que se va a decir no debe durar más de 30 minutos. La sierva del Señor nos aconseja: "La mitad del material presentado beneficiaría más a los oyentes que todo el conjunto vertido por el orador. Lo que se dice en la primera media hora vale mucho más, si el sermón termina entonces, que las palabras dichas en otra media hora".[8]

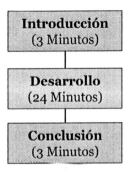

Introducción
(3 Minutos)

Desarrollo
(24 Minutos)

Conclusión
(3 Minutos)

Un maestro de predicación declaró: "Las congragaciones cristianas modernas no están dispuestas, por lo regular, a tolerar sermones kilométricos. Demandan brevedad y concisión".[9]

Si deseamos ser predicadores relevantes, necesitamos aprender a terminar el sermón cuando los oyentes quieren oír más y no cuando ya no quieren escuchar. ¡Dejemos de predicar antes que la congragación deje de oír!

LOS BENEFICIOS DE LOS SERMONES BREVES

La predicación breve y al punto traerá múltiples bendiciones, tanto al predicador como a su congragación, entre las cuales podemos enumerar las siguientes:

1. Desarrollará en nosotros el arte de predicar con libertad y sin el uso de notas.

2. Evitará sobrecargar la mente de nuestros oyentes, lo que permitirá recordar con más facilidad el sermón, cumpliendo eficazmente el propósito por el cual fue predicado.

3. Hará de nosotros predicadores más efectivos, al evitar que nuestros oyentes pasen por el valle del aburrimiento.

4. Ayudará a que alcancemos conclusiones precisas y hagamos llamados eficaces.

5. Las personas recibirán en buen mensaje e, idealmente, se quedarán con ganas de seguir oyendo. ¡Si el tema no les parece interesante, por lo menos habrá sido breve!

Para concluir, leamos un sabio consejo de la señora White: "Algunos de nuestros discursos largos tendrían mejor efecto sobre la gente si los dividiéramos en tres".[10] Si usted tiene sermones largos en su archivo, acate humildemente el consejo inspirado y divídalos en varios sermones, creando una "serie de mensajes" sobre un tema en particular.

Martin Lutero dejo el siguiente consejo para los predicadores: "Párate derecho, habla con valentía y siéntate rápido".[11]

Referencias:

1. Floyd Bresee, *La extensión del sermón*, Ministerio adventista (Septiembre-octubre, 1991), p. 30.
2. Alex Montoya, *Predicando con Pasión* (Grand Rapids, MI: Editorial Portavoz, 2003), p. 13.
3. E. G. White, Carta 75, 1904.
4. _____, *La voz: su educación y su uso correcto*, p. 271.
5. _____, *Testimonio para los Ministros*, p. 256.

6. _____, *Testimonio para la Iglesia*, t. 4, p. 261.

7. *Comentario Bíblico Adventista*, t. 6, P. 383.

8. White, *Testimonio para los ministros*, p. 256.

9. James Crane, *El sermón eficaz* (El Paso, TX: Casa Bautista de Publicaciones, 2003), p. 141.

10. White, *El evangelismo*, p. 133.

11. Citado por Alfonzo Valenzuela en *La exposición del mensaje divino* (Pasadena, CA: Living Ministry, 2005), p. 67.

APÉNDICE C

LA PREDICACIÓN Y EL IGLECRECIMIENTO

La salud y el crecimiento están íntimamente conectados. En un organismo viviente, el crecimiento es natural si se encuentra saludable. Por otro lado, la falta de crecimiento casi siempre indica una situación de falta de salud, posiblemente una enfermedad. Es natural que la iglesia, como organismo vivo, crezca si se encuentra sana. Rick Warren, en su libro *Una iglesia con propósito*, declara: "Estoy convencido de que el punto clave para la iglesia del siglo veintiuno será su salud, no su crecimiento. Cuando las iglesias son sanas, crecen en la forma que Dios espera. Las iglesias sanas no necesitan trucos para crecer, crecen naturalmente".[1]

No es un secreto que la iglesia de Cristo no se halla en buena salud en numerosos lugares del mundo. Muchas congregaciones por falta de salud han comenzado a languidecer, estancarse y hasta morir. Esta es la razón por la cual nuestra principal prioridad como ministros del evangelio es preguntarnos: ¿Qué proporciona salud y vitalidad al cuerpo de Cristo? ¿Qué es indispensable para que la iglesia goce de buena salud?

Griffith Thomas, en su obra *The Work of the Ministry*, señala que la prosperidad espiritual de la iglesia depende en gran medida del ministerio de la predicación:

"La prosperidad espiritual de cualquier iglesia es principalmente determinada por el ministerio del don de la predicación y afirmo mi convicción de que la condición espiritual de la iglesia hoy está en directa proporción a la negligencia en la predicación. Cuando observamos la falta de interés en la asistencia a la iglesia y, todavía más, la ausencia del poder espiritual en la vida de la iglesia, no creo que sea muy errado describir la situación como negligencia en la predicación".[2]

John F. MacArthur afirma que "la llave para la vitalidad de nuestras iglesias es nuestro púlpito, no nuestros programas".[3] Parecería que algunos ministros ignoran o prestan poca atención a dicha verdad. Como pastores no podemos pasar por alto el hecho de que la falta de crecimiento y desarrollo en muchas congregaciones está estrechamente ligada a la predicación que las nutre. La manera más eficaz de hacer crecer una iglesia es haciendo crecer a sus miembros. Nuestros feligreses necesitan alimento espiritual para crecer y es únicamente la exposición de la Palabra de Dios lo que puede suplir esa necesidad.[4]

Más asombra que desde 1972 al presente se hayan publicado más de 300 libros sobre iglecrecimiento y pocos son los que tratan el tema de la predicación como herramienta necesaria para ese crecimiento.[5]

Parecería que la gran mayoría de los autores que tratan el crecimiento de la iglesia no se ha percatado de que: "El cristianismo, como mensaje, será propagado por medio de la predicación. Como verdad, será enseñado por medio de la predicación. Como cuerpo de doctrinas, será explicado por medio de la predicación. Como vida, será impartido por medio de la predicación".[6]

Históricamente se ha comprobado que los periodos y etapas decadentes de la iglesia han sido aquellos cuando la predicación ha menguado. Mas lo que ha impulsado los periodos de avivamiento y reforma, desde los orígenes de la iglesia, ha sido siempre un resurgir de la poderosa e insustituible predicación bíblica.

Debido a que es la predicación lo que levanta o hunde a la iglesia, es mi propósito mostrar el rol de la predicación en el crecimiento de ella. A fin de ver en toda su claridad esta relación, basaremos nuestros argumentos en un antiguo tratado sobre iglecrecimiento. Me refiero al quinto libro del Nuevo Testamento: Hechos de los Apóstoles.

A la luz de este libro estudiaremos la importancia de la predicación en el crecimiento de la iglesia. Analizaremos el contenido de la predicación que Dios usa y por último mostraremos la manera de predicar que Dios bendice.

LA IMPORTANCIA DE LA PREDICACIÓN EN EL CRECIMIENTO DE LA IGLESIA

De acuerdo al Nuevo Testamento, y en particular al libro de los Hechos, no puede haber crecimiento de iglesia sin predicación. El teólogo F. F. Bruce enfatiza esta verdad al escribir que: "Si hay un énfasis en el libro de los Hechos, es el poder de la iglesia en la predicación y que este poder provenía del Espíritu Santo. *No hay otra manera de explicar el rápido crecimiento de la iglesia*".[7]

Para algunos eruditos, Hechos es una serie de sermones y discursos conectados por narraciones históricas. El doctor Lucas, que era un conocedor de la predicación, de los cientos de mensajes que escuchó, solo escogió algunos cuantos con el propósito de enseñarnos cómo la Palabra de Dios al ser predicada con poder trae crecimiento a la iglesia.

En Hechos capítulo seis se presenta el primero de seis informes que, según algunos eruditos, sirven para dividir el libro.[8] En este primer informe se nos dice: "Crecía la palabra del Señor" (Hechos 6:7).[9] Este crecimiento incluye, en primer lugar, la conversión de grandes multitudes y, segundo, la aceptación de la nueva fe por parte de los sacerdotes que se habían opuesto al mensaje predicado por Jesucristo.

Una vez tras otra, el libro de los Hechos atribuye el crecimiento de la iglesia al crecimiento de la Palabra. Así lo muestran los siguientes textos:

> *"Pero la palabra del Señor crecía y se multiplicaba"* (Hechos 12:24).

> *"Y la palabra del Señor se difundía por toda aquella provincia"* (Hechos 13:49).

> *"Así crecía y prevalecía poderosamente la palabra del Señor"* (Hechos 19:20).

Para Lucas, el crecimiento de la iglesia es el crecimiento de la Palabra y el crecimiento de la Palabra no es otra cosa que la predicación. "El ministerio de la Palabra —escribió David Eby— es la principal arma espiritual en el arsenal de la iglesia, la única semilla para la plantación de nuevas congregaciones, la herramienta para la edificación de los creyentes y la principal estrategia en el plan de Dios para discipular las naciones. No predicación, no iglesia. No proclamación, no crecimiento de iglesia. La predicación es el corazón, la sangre y todo el sistema circulatorio de la iglesia y su crecimiento".[10]

EL CONTENIDO DE LA PREDICACIÓN QUE DIOS USA

El libro de los Hechos no solo insiste en la necesidad de la predicación como herramienta indispensable para el crecimiento de la iglesia, también nos muestra el contenido de la predicación que hace crecer a la iglesia.

Un análisis de la predicación apostólica primitiva nos revela que la misma consta de cuatro elementos:

1. Exaltación de la obra y la persona de Cristo

"La predicación apostólica —declara Michael Duduit— estaba centrada alrededor de la persona y obra de Cristo".[11] En el libro de los Hechos se repiten frases como estas: "Predica a Cristo"; "Predicación de Jesucristo"; "No cesaban de enseñar y predicar a Cristo"; "Y que Jesús, a quien yo os anuncio, es el Cristo". Los apóstoles tomaron en serio las palabras dichas por Jesús: "Y yo, si fuere levantado de la tierra, a todos atraeré a mí mismo" (Juan 12:32). H. M. S. Richards escribió que: "Los predicadores tienen magnetismo cuando predican a Cristo y a este crucificado".[12] E. G. White aconseja que: "Ningún discurso debe predicarse jamás sin presentar a Cristo y a él crucificado como fundamento del evangelio".[13]

2. Explicación de las Escrituras

El mensaje de los apóstoles no se desarrollaba a partir de un grupo de ideas o filosofías humanas, sino de una clara explicación de las Escrituras. Pedro, Esteban, Felipe, Pablo y Apolos presentaban a Cristo por "medio de las Escrituras" (Hechos 17:3). Fue la exposición clara de las Escrituras lo que hizo que la iglesia del primer siglo creciera. Las iglesias que crecen son aquellas cuyos púlpitos están consagrados exclusivamente a la exposición de la Biblia. Las personas anhelarán asistir a una iglesia donde lo que Dios tiene que decir sea más importante que las opiniones y posiciones del predicador.

3. Un anuncio del cumplimiento del tiempo

Pedro habló de la llegada del "grande y manifiesto día del Señor" (Hechos 2:20). Pablo proclamó en Atenas que Dios "Ha establecido un día en el cual juzgará al mundo con justicia" (Hechos 17:30-31). Delante de Félix, Pablo habló acerca del "juicio venidero". E. G. White nos recuerda que: "Hay muchas personas que no comprenden las profecías que se refieren a estos días y, por lo tanto, deben ser ilustradas. Es deber de los centinelas y los laicos dar a la trompeta un sonido certero".[14]

4. Un llamado al arrepentimiento

Pedro, al final de su primer sermón, declaró: "Arrepentíos, y bautícese cada uno de vosotros en el nombre de Jesús para perdón de pecados" (Hechos 2:38). Pablo solemnemente testificaba "a judíos y a gentiles acerca del arrepentimiento para con Dios" (Hechos 20:21), declarando a toda persona que "se arrepintiesen y se convirtiesen a Dios, haciendo obras dignas de arrepentimiento" (Hechos 26:20). Rick Warren afirmó: "Si quieres resumir en dos palabras lo que hace crecer una iglesia son estas: Vidas cambiadas. No son los programas, la publicidad, el mercadeo; son las vidas cambiadas. La gente quiere ir donde las vidas son cambiadas".[15] Solo a través de un llamado al arrepentimiento veremos vidas cambiadas.

LA MANERA DE PREDICAR QUE DIOS BENDICE

El libro de los Hechos no solo describe el contenido de la predicación que hace crecer una iglesia sino que nos muestra la manera que dicho contenido debe ser predicado a fin de que cause impacto al oyente. A través de todo el libro de los Hechos se hace mención a la manera en que los apóstoles presentaban la verdad del evangelio. Ellos predicaban con "denuedo" (véanse Hechos 4:13,29; 13:46; 14:3; 18:26; 19:8).

La palabra "denuedo", según su equivalente en griego *(parrhesia)*, puede significar: "Osadía para hablar, expresión sin reserva, libertad de palabra, con franqueza, candor, valor entusiasta, lo opuesto a la cobardía, timidez o temor"[16]. La versión *Dios Habla Hoy* traduce "denuedo" como "sin miedo", mientras que la *Nueva Biblia al día* usa la expresión: "con confianza".

Los apóstoles predicaban con valentía y confianza el contenido del evangelio. Las multitudes que les escuchaban no solo se interesaban en lo *que* ellos decían, sino también en *cómo* lo decían. Los predicadores de la iglesia primitiva no eran temerosos, pusilánimes ni cobardes. Por el contrario, eran hombres valientes y decididos que presentaban el evangelio con tanto entusiasmo que aun sus propios enemigos no podían dejar de escucharlos.

Para que veamos crecer nuestras congregaciones, debemos predicar el evangelio como realmente es: "poder para salvación". Como pastores, debemos entender que las estrategias, métodos y programas nunca podrán sustituir a un hombre de Dios, saturado con la Palabra de Dios y lleno del Espíritu de Dios. Sin una sólida y ferviente predicación bíblica, nuestras estrategias y métodos se derrumbarán como en efecto dominó.

Solo aquellos predicadores que semana tras semana se levantan para predicar la verdad de Dios con osadía, confianza y valor, serán testigos del maravilloso poder de Dios trayendo avivamiento y crecimiento a la iglesia.

Referencias:

1. Rick Warren, *Una iglesia con propósito* (Miami FL: Editorial Vida, 1998), p. 21.

2. Citado por Alfonso Valenzuela, *La exposicion del mensaje divino* (Pasadena, CA: Living Ministry, 2005), p. 16.

3. David Eby, p. 9.

4. Oscar Hernández, *Con la Biblia en mis manos* (Miami, FL: APIA, 2000), p. 18.

5. David Eby, *Power Preaching for the church growth* (Christian Focus Publications, 2009), p. 14.

6. C. B. Haynes, p. 18.

7. F. F. Bruce, *The Act of the Apostles* (Grand Rapids: Wm. B. Eardmans Publishing, 1951), p. 18.

8. F. F. Bruce, *Hechos de los apóstoles: Introducción, comentarios y notas* (Grand Rapids, Michigan: Libros Desafío, 1998), p. 149.

Apéndice C

9. Los siguientes informes pueden leerse en Hechos 9:31; 12:24; 13:49; 16:5; 19:20; 28:31.

10. David Eby, *Handbook of Contemporary Preaching* (Nashville, Tennessee: Broadman Press, 1992), p. 7.

11. Michael Dudui, p. 484.

12. H. M. S. Richards, *Apacienta mis ovejas* (Doral, Miami FL: Asociación Publicadora Interamericana, 2008), p. 152.

13. E. G. White *Obreros evangélicos,* p. 167.

14. E. G. White, *Evangelismo,* p. 146.

15. Rick Warren, *Seminario: Propósito de la predicación.*

16. James Strong, *Nueva Concordancia Strong* (Miami, FL: Editorial Caribe, 2002), p. 216.

APÉNDICE D

SERMÓN: ESCOGIDOS EN CRISTO
EFESIOS 1:4

INTRODUCCIÓN

La Carta de Pablo a los Efesios fue escrita indudablemente mientras este estaba en prisión. Debido a su elevado pensamiento teológico y práctico, esta epístola ha sido denominada como: "la revelación doctrinal más grande que Dios le haya dado al hombre".[1]

Desde el primer capítulo, el propósito del apóstol es recordarnos las riquezas de las bendiciones que tenemos como cristianos, bendiciones espirituales que son nuestras debido a que estamos en Cristo (Efesios 1:3).

En nuestro sermón de hoy meditaremos en la primera bendición otorgada al creyente. Esta bendición está registrada en Efesios 1:4 (NVI), donde se nos dice que: "Dios nos escogió en él antes de la creación del mundo, para que seamos santos y sin mancha delante de él. En amor". De este texto extraeremos tres importante verdades para destacar y recordar.

DESARROLLO

1. Lo primero que deseo destacar es la bendición en sí. El apóstol Pablo nos dice que: "Dios nos escogió en él antes de la creación del mundo" (Efesios 1:4). La Biblia habla de tres tipos de elección. La primera es la elección teocrática de Israel. Dios escogió al pueblo hebreo para que lo representara delante de las demás naciones. Moisés habló a Israel en el desierto del Sinaí: "Jehová tu Dios te ha escogido para serle un pueblo especial, más que todos los pueblos que están sobre la tierra" (Deuteronomio 7:6).

El segundo tipo de elección del cual nos habla la Biblia es la vocacional. El Señor escogió a la tribu de Leví para que fueran sus sacerdotes (Deuteronomio 10:8). El evangelista Lucas registra que Jesús: "llamó a sus discípulos, y escogió a doce de ellos, a los cuales también llamó apóstoles" (6:13). De igual manera Dios escogió a Pablo para ser apóstol de los gentiles (Hechos 9:15).

El tercer tipo de elección, según las Escrituras, es para salvación. De este tipo de elección es que nos habla Pablo al decirnos que: "Dios nos escogió en él antes de la creación del mundo".

Sé que alguien se puede estar preguntando: "Si Dios escogió una nación de entre todas las que existen para que le representara y si escogió solo a algunos hombres para que ejercieran ciertos ministerios, ¿no habrá Dios escogido solo cierto grupo para salvación?"

Sin embargo, muchos han usado el texto de Efesios 1:4 para enseñar que: "No todos los hombres fueron creados con las mismas posibilidades, para algunos es preordenada la vida eterna y para otros la condenación eterna".[2] Esta enseñanza es conocida como la elección incondicional. Pero, al estudiar las Escrituras, nos damos cuenta de que la misma no tiene un aval bíblico.

Las escrituras enseñan que la bendición de ser escogido para salvación es para todos los seres humanos. El Evangelio de Juan (3:16) nos dice que: "De tal manera amó Dios al mundo, que ha dado a su Hijo unigénito, *para que todo aquel que en él cree, no se pierda, mas tenga vida eterna*".

El mismo apóstol Pablo lo deja muy claro al escribir que Dios: "quiere *que todos los hombres sean salvos* y vengan al conocimiento de la verdad" (1 Timoteo 2:4). El propósito y el plan de Dios, por tanto, es que todos los seres humanos sean salvos. Mas, aunque Dios ha provisto todos los medios para la salvación del hombre, no forzará la voluntad de sus criaturas. Cada persona tiene la oportunidad de decidir entre la salvación o la perdición.

Me lleno de asombro al saber que esa bendición de ser escogido para salvación estuvo en la mente de Dios "antes de la creación del mundo" (Efesios 1:4). E. G. White, en su libro *El deseado de todas las gentes* (p. 22), nos dice que: "El plan de nuestra redención no fue una reflexión ulterior, formulada después de la caída de Adán. Fue una revelación 'del misterio que por tiempos eternos fue guardado en silencio' (Romanos 16:25, V.M.). Fue una manifestación de los principios que desde edades eternas habían sido el fundamento del trono de Dios".

Sabiendo que hemos sido bendecidos al ser escogidos para salvación, meditemos en segundo lugar en el propósito para el cual fuimos escogidos.

2. Es claro al leer la segunda parte de Efesios 1:4 que el propósito por el cual fuimos escogido es "para que seamos santos y sin mancha delante de él". Hoy por hoy las personas se preguntan: ¿Por qué estoy aquí? ¿Cuál es el propósito de Dios para mí? ¡El propósito de Dios es que seamos santos!

La palabra "santo", utilizada aquí, está traducida del griego *hagios* y significa: "Dedicado a Dios, sagrado, reservado para Dios y su servicio". "Santo", según es utilizada en la Biblia, implica la idea de que se es diferente. Willian Barclay nos dice que: "Un templo es *santo* porque es diferente a los otros edificios; un sacerdote es *santo* porque es diferente a las demás personas; una víctima es *santa* porque es diferente a los otros animales; el sábado es *santo* porque es diferente a los otros días; Dios es supremamente santo porque es diferente a los otros días; Dios es supremamente *santo* porque es supremamente diferente de todas las criaturas".[3]

Ser "santo", según las Escrituras no solo conlleva la idea de ser diferente, sino también de estar apartado. ¿Apartado de qué y para qué? Este concepto se ilustra en el tabernáculo del Antiguo Testamento. Cuando Moisés recibió la orden de construir el tabernáculo, se le dieron modelos de piezas específicas para su construcción. Algunas de esas piezas eran tenedores, cucharas, tazones y ganchos para la carne (véase Éxodo 37:17).

Observemos que antes de que fueran dedicados para el servicio exclusivo del tabernáculo, esos utensilios eran simples tenedores, cucharas, tazones y ganchos para la carne. Pero una vez que fueron consagrados al uso del tabernáculo, se transformaron en tenedores santos, cucharas santas, tazones santos y ganchos para la carne santos. Desde ese momento, esos utensilios no podían ya ser utilizados para cualquiera ni por cualquier persona. Solamente podían ser utilizados en el ministerio del templo, disponible únicamente para el uso exclusivo de Dios.

Del mismo modo nosotros fuimos escogidos para estar apartados del pecado y ser usados para el servicio de nuestro Señor. El propósito de Dios al escogernos es que estemos disponibles únicamente para su uso exclusivo.

3. *El tercer y último punto que deseo destacar es el motivo por el cual Dios nos escogió.* Efesios 1:4 no nos deja dudas en cuanto al motivo por el cual Dios nos escogió. Nos dice que ese motivo fue el amor. Dios nos ha escogido a nosotros, seres indignos y pecadores, por el mismo motivo por el cual escogió a Israel como su pueblo. Moisés le dijo a Israel: "No por ser vosotros más que todos los pueblos os ha querido Jehová y os ha escogido, pues vosotros erais el más insignificante de todos los pueblos; sino por cuanto Jehová os amó" (Deuteronomio 7:7-8).

Haddon Robinson[4] cuenta la historia de cierto chico que no tenía mucha habilidad atlética. Cada vez que se proponía practicar un juego con sus amigos, siempre era el último en ser elegido. Un día, dos nuevos entrenadores vinieron a jugar y se les permitió ser capitanes de equipo. Uno de los capitanes eligió por primera vez al chico que siempre había sido escogido de último. ¿Por qué? Debido a que eran hermanos y él amaba a su hermano. Cuando leí esa historia solo pude pensar: ¡Qué gran Dios tenemos! Él no nos escogió por nuestra capacidad o por nuestra habilidad, sino porque nos ama.

CONCLUSIÓN

Al culminar nuestro sermón quiero que recuerde que:

1) *Fue escogido desde la eternidad.* Usted estaba en la mente y los planes de un Dios soberano y maravilloso que mientras colgaba las estrellas en el espacio pensaba en usted.

2) *Fue escogido con un propósito.* El de ser diferente y estar apartado del pecado, únicamente para ser usado en el servicio del Señor.

3) *Fue escogido por un motivo.* El motivo más grande es, a saber, el amor inconmensurable de un Dios compasivo y clemente.

Referencias:

1. Henrietta C. Mears, *Lo que dice la Biblia* (Miami FL: Editorial Vida, 1979), p. 465.

2. *Teología Fundamento Bíblico de Nuestra Fe* (Miami FL: APIA 2005), vol. 3, p. 184.

3. William Barclay, *Comentario Bíblico al Nuevo Testamento* (España: Editorial CLIE, 2006), p. 704.

4. Green, Michael P., *1500 Illustrations for Biblical Preaching* (Grand Rapids: Baker Book House, 1989).

APÉNDICE E

BIBLIOGRAFÍA SELECTA SOBRE PREDICACIÓN

La siguiente bibliografía contiene los libros publicados en español e inglés, acerca del tema de la predicación, que componen mi biblioteca personal y que he consultado exhaustivamente. La razón por la cual la añado aquí es porque, como predicador, las bibliografías siempre me han servido de guía en la obtención de mis libros. Espero que esta cumpla el mismo propósito para usted.

LIBROS EN ESPAÑOL

Aguilar, Abel, *Homilética I: El arte de predicar*, Miami, FL: Editorial Vida, 2000.

Arthurs, D. Jeffrey, *Predicando con variedad*, Grand Rapids, MI: Editorial Portavoz, 2009.

Arrastía, Cecilio, *Teoría y práctica de la predicación*, Nashville, TN: Editorial Caribe, 1993.

Anderson, C. Kenton, *Predicando con convicción*, Grand Rapids, MI: Editorial Portavoz, 2004.

_____, *Predicar es una decisión*, Miami, FL: Editorial Vida, 2010.

Braga, James, *Cómo preparar mensajes bíblicos*, Grand Rapids, MI: Editorial Portavoz, 1986.

Bentancourt, Ricardo, *Si tuviera que predicar un solo sermón*, Nampa, ID: Pacific Press, 2008.

Bounds, E. M., *El predicador y la oración*, Barcelona, España: Editorial CLIE, 2001.

Bradford, Charles, *Predicación para estos tiempos*, Hagerstown, MD: Asociación Ministerial, 1994.

Blackwood, Rick, *El poder de la predicación y la enseñanza multisensorial*, Miami, FL: Editorial Vida, 2011.

Broadus, A. John, *Tratado sobre la predicación*, El Paso, TX: Casa Bautista de Publicaciones, 1985.

Chapell, Bryan, *Cómo usar ilustraciones para predicar con poder*, Grand Rapids, MI: Editorial Portavoz, 2007.

Costa, Orlando, *Comunicación por medio de la predicación*, Miami, FL: Editorial Caribe, 1989.

Crane, D. James, *Manual para predicadores*, El Paso, TX: Editorial Mundo Hispano, 2012.

_____, *El sermón eficaz*, El Paso, TX: Casa Bautista de Publicaciones, 2003.

Duduit, Michael, *Predicación poderosa*, Miami, FL: Editorial Vida, 2008.

Franco Santander, José, *Introducción a la predicación bíblica*, Grand Rapids, MI: Libros Desafío, 2008.

Gomes, R. Eduardo, *Homilética*, San José, CA, 2002.

Gil, Rubén, *Hacia una predicación comunicativa*, Barcelona, España: Editorial CLIE, 1995.

Garvie, E. Alfredo, *Historia de la predicación cristiana*, Barcelona, España: Editorial CLIE, 1987.

Heise, Ekkehard, *Manual de homilética narrativa*, Barcelona, España: Editorial CLIE, 2005.

Hybels, Bill; Briscoe, Stuart; Robinson, Haddon, *Predicando a personas del siglo XXI*, Barcelona, España: Editorial CLIE, 2008.

Hawkins, Tomas, *Homilética práctica*, El Paso, TX: Editorial Mundo Hispano, 2010.

Hernández, Oscar, *Con la Biblia en mis manos*, Miami, FL: Asociación Publicadora Interamericana, 2000.

Jiménez, A. Pablo, *Principios de predicación*, Nashville, TN: Abingdon Press, 2003.

_____, L. Justo, *Manual de homilética hispana*, Barcelona, España: Editorial CLIE, 2006.

_____, *La predicación en el siglo XXI*, Barcelona, España: Editorial CLIE, 2009.

Key, Stanley. Jerry, *La preparación y predicación del sermón bíblico*, El Paso, TX: Editorial Mundo Hispano, 2008.

Kaiser, C. Walter, *Predicación y enseñanza desde el Antiguo Testamento*, El Paso, TX: Editorial Mundo Hispano, 2010.

Lloyd-Jones, Martyn, *La predicación y los predicadores*, Barcelona, España: Editorial Peregrino, 2003.

Bibliografía

Liefeld, L. Walter, *Cómo predicar expositivamente*, Miami, FL: Editorial Vida, 1990.

Mohler, R. Albert, *Proclame la verdad*, Grand Rapids, MI: Editorial Portavoz, 2010.

Martínez, M. José, *Ministros de Jesucristo I*, Barcelona, España: Editorial CLIE, 1977.

Montoya, Alex, *Predicando con pasión*, Grand Rapids, MI: Editorial Portavoz, 2003.

Moraes, Jilton, *Homilética: de la investigación al púlpito*, Buenos Aires, Argentina: Editorial Peniel, 2011.

Mawhinney, Bruce, *Predicando con frescura*, Grand Rapids, MI: Editorial Portavoz, 1997.

Medina, Juan, *La predicación efectiva para el siglo XXI*, Miami, FL: Logoi, 2008.

Macleod, Donald, *Diccionario de teología práctica: Homilética*, Grand Rapids: MI: Iglesia Cristiana Reformada, 1976.

MacArthur, John, *La predicación: Cómo predicar bíblicamente*, Nashville, TN: Grupo Nelson, 2009.

Neely, T. Benjamin, *La predicación: Tratado práctico de homilética*, Buenos Aires, Argentina: Rice y Myers, 1907.

Olford, F. Stephen, *Guía de predicación expositiva*, Nashville, TN: B&H Publishing Group, 2005.

Overdorf, David, *Sermones que transforman vidas*, Grand Rapids, MI: Editorial Portavoz, 2012.

Polignano, Rodolfo, *Cómo mejorar la predicación*, Buenos Aires, Argentina: Editorial Peniel, 2008.

Pichardo, Teófilo, *Homilética para el siglo XXI*, República Dominicana, Publicaciones UNAD, 2009.

Piper, John, *La supremacía de Dios en la predicación*, Grand Rapids, MI: Publicaciones Faro de Gracia, 2010.

Perry, M. Lloyd, *Predicación bíblica para el mundo actual*, Miami, FL: Editorial Vida, 1986.

Nelson Rummage, Stephen, *Planifique su predicación*, Grand Rapids, MI: Editorial Portavoz, 2011.

Reis, Emilson, *Cómo preparar y presentar sermones*, Buenos Aires, Argentina: Casa Editorial Sudamericana, 2002.

Robinson, W. Haddon, *La predicación bíblica*, Miami, FL: Logoi, 2000.

Richards, H.M.S., *Apacienta mis ovejas*, Miami, FL: Asociación Publicadora Interamericana, 2008.

Stott, John, *Imágenes del predicador en el Nuevo Testamento*, Grand Rapids: Nueva Creación, 1996.

_____, *La predicación: Puente entre dos mundos*, Grand Rapids, MI: Libros Desafío, 1999.

Silva, Kittim, *Manual práctico de homilética*, Miami, FL: Editorial Unilit, 1995.

Spurgeon, C.H., *Discursos a mis estudiantes*, El Paso, TX: Casa Bautista de Publicaciones, 2004.

Sunukjian, R. Donald, *Volvamos a la predicación bíblica*, Grand Rapids, MI: Editorial Portavoz, 2010.

Stanley, Andy y Jones, Lane, *Comunicación: La clave para lograr cambios duraderos*, Buenos Aires, Argentina: Editorial Peniel, 2007.

Thompson, Leslie, *El arte de ilustrar sermones,* Grand Rapids, MI: Editorial Portavoz, 2001.

Vila, Samuel, *Manual de homilética,* Barcelona, España: Editorial CLIE, 1984.

Valenzuela, Alfonso, *Así predicó Jesús,* Pasadena, CA: Living Ministry, 2005.

_____, *La exposición del mensaje divino,* Pasadena, CA: Living Ministry, 2005.

Willhite, Keith, *Predicando con relevancia,* Grand Rapids, MI: Editorial Portavoz, 2009.

Woodworth, C. Floyd, *La escalera de la predicación,* Miami, FL: Editorial Vida, 1974.

Yonggi Cho, David, *Predicando para cambiar vidas,* Buenos Aires, Argentina: Editorial Peniel, 2007.

LIBROS EN INGLÉS

Adams, Jay. E., *Preaching with purpose,* Grand Rapids, MI: Zondervan, 1982.

Allen, Ronald. J., *Preaching the topical sermon,* Louisville, KY: John Knox Press, 1992.

Allen, O. Wesley, *Elements of Preaching: Determining the form,* Minneapolis: Fortress Press, 2008.

Buttrick, David, *Homiletic: Moves and structures,* Philadelphia: Fortress Press, 1987.

Craddock, Fred D., *Preaching,* Nashville, TN: Abingdon Press, 1985.

Carter, Terry G.; Duvall, J. Scott; Hays, Daniel J., *Preaching God's Word*, Grand Rapids, MI: Zondervan, 2005.

Chapell, Bryan, *Christ-Centered Preaching*, Grand Rapids, MI: Baker Academic, 2005.

Demaray, Donald E., *Proclaiming the Truth*, Grand Rapids, MI: Baker Book, 1979.

Duduit, Michael, *Handbook of Contemporary Preaching*, Nashville, Tennessee: Broadman Press, 1992.

Eby, David, *Power Preaching for the church growth*, Christian Focus Publications, 2009.

Evans, William, *How to Prepare Sermons*, Chicago: Moody Press, 1964.

Edwards, Kent J., *Deep Preaching*, Nashville, TN: B&H Publishing Group, 2009.

Fasol, Al, *A complete guide to sermon delivery*, Nashville, TN: B&H Publishing Group, 1996.

Galli, Mark; Larson, Craig Brian, *Preaching that Connects*, Grand Rapids, MI: Zondervan, 1994.

Garlock, John, *Key to better Preaching*, USA: Faith Library Publication, 2000.

Johnston, Graham, *Preaching to a Postmodern World*, Grand Rapids, MI: Baker Book, 2001.

Larson, Craig Brian, *The Preacher's Toolbox: Sermon Preparation*, Peabody, MA: Hendrickson Publishers, 2012.

_____, *The Preacher's Toolbox: Inspirational Preaching*, Peabody, MA: Hendrickson Publishers, 2012.

Bibliografía

_____, *The Preacher's Toolbox: Prophetic Preaching*, Peabody, MA: Hendrickson Publishers, 2012.

_____, *The Preacher's Toolbox: Interpretation and Application*, Peabody, MA: Hendrickson Publishers, 2012.

Long, G. Thomas, *The Witness of Preaching*, Louisville, KY: John Knox Press, 1989.

_____, *Preaching Literary forms Bible*, Philadelphia: Fortress Press, 1989.

Lowry, Eugene. L, *The homiletical Plot: the sermon as narrative art form*, Louisville, KY: John Knox Press, 2001.

_____, *How to Preach a Parable: Designs for narrative sermons*, Nashville, TN: Abingdon Press, 1989.

Miller, Calving, *Marketplace Preaching*, Grand Rapids, MI: Baker Book, 1995.

_____, *The Sermon Maker*, Grand Rapids, MI: Zondervan, 2002.

_____, Preaching: The art of Narrative Exposition, Grand Rapids, MI: Baker Book, 2006.

_____, *The Empowered Communicator*, Nashville, TN: B&H Publishing Group, 1994.

Massey, James Earl, *Designing the Sermon*, Nashville, TN: Abingdon Press, 1980.

McClure, John S., *Best Advice for Preaching*, Minneapolis: Fortress Press, 1998.

MacDill, Wayne, 12 Essential Skills for Great Preaching, Nashville, TN: B&H Publishing Group, 2006.

Morris, Derek J., *Powerful Biblical Preaching:* USA: General Conference, 2005.

Overstreet, Larry R., *Biographical Preaching,* Grand Rapids, MI: Kregel Publications, 2001.

Richard, Ramesh, *Preparing Expository Sermons,* Grand Rapids, MI: Baker Book, 1995.

Robinson, Haddon W., *Biblical sermons: How 12 preacher apply the principles of Biblical Preaching,* Grand Rapids, MI: Baker Book, 1989.

Swindoll, Charles R., *Saying it Well: touching other with your words,* New York, NY: Hachette Book Group, 2012.

Thompson, D. William, *Preaching Biblically: Exegesis and Interpretation,* Nashville, TN: Abingdon Press, 1981.

Vitrano, P. Steven, *How to Preach,* USA, Review and Herald, 1991.

Vines, Jerry, Shaddix, Jim, *Power in the Pulpit,* Chicago: Moody Press, 1999.

York, Hershael W., Decker, Bert, *Preaching with Bold Assurance,* Nashville, TN: B&H Publishing Group, 2003.

Wilson, Paul Scott, *The Practice of Preaching,* Nashville, TN: Abingdon Press, 1995.

Warren, Mervyn, A. *Ellen White on Preaching,* USA, Review and Herald, 2010.